La Maison de mon Père

Fragments autobiographiques

Golda Meir

La maison de mon père

Fragments autobiographiques

Traduit de l'hébreu par Pierre Lurçat

© 2022 Pierre Lurçat pour la traduction française

Édition : BoD – Books on Demand,

12/14 rond-point des Champs-Élysées, 75008 Paris

Impression : BoD - Books on Demand, Norderstedt, Allemagne

Illustration :

ISBN : 978-2-322-410-064

Dépôt légal : Janvier 2022

À Judith

PREAMBULE

Les fragments autobiographiques qu'on lira ici ont été publiés en Israël en 1972. Golda Meir était alors Premier ministre depuis plusieurs années. Trois ans plus tard, après sa démission et son retrait de la vie politique, elle rédigera une autobiographie plus complète, sous le titre *Ma vie*[1]. Le texte ici publié en français pour la première fois ne couvre en effet qu'une partie de la vie de l'auteur – celle qui s'étend de son enfance à son séjour au kibboutz Merhavia, dans les années 1920. On y découvre, outre l'autoportrait de celle qui allait devenir la première femme Premier ministre de l'État d'Israël, la description fidèle et sans fioritures d'une génération tout entière, celle des pionniers de la Troisième *Alyah*[2] (1921-1924).

---

[1] Robert Laffont 1975.

[2] Il est habituel dans l'histoire du sionisme de compter les "*Alyot*" ou vagues d'immigration en Israël, depuis la Première *Alyah* en 1882.

Dans une contribution à un ouvrage collectif consacré à la Troisième *Alyah*, paru en 1964, Golda Meir décrira ainsi l'apport de sa génération au mouvement sioniste : *"La Troisième Alyah n'a rien ajouté aux fondements du mouvement. Le travail juif, la défense juive, le choix de l'hébreu, la vie collectiviste, le travail de la terre, la volonté de maintenir l'union des ouvriers ; telles étaient les valeurs que nous ont transmises les hommes de la Deuxième Alyah. [...] L'acte déterminant de la Troisième Alyah a été d'accepter les valeurs qui nous ont été transmises par nos camarades... et que nous avons appliquées"*[3].

Ce sont précisément ces valeurs fondatrices du sionisme travailliste que l'on retrouve ici exposées, non pas dans un ouvrage programmatique ou théorique, mais à travers le récit d'un itinéraire sioniste. Dans les pages de ce récit, Golda Meir rappelle ce que fut l'engagement de ces jeunes Juifs venus de Russie, qui avaient souvent abandonné la foi de leurs pères pour adopter une nouvelle foi, tout aussi exigeante, celle en la valeur régénératrice du travail de la terre et de la vie en collectivité. On a peine à se représenter aujourd'hui ce que furent l'engagement et la force des convictions de ces jeunes pionniers, qui renoncèrent à une vie plus

---

[3] Cité par Dominique Frisher, *Golda Meir, la femme derrière la légende*, L'Archipel 2015.

facile et confortable pour devenir des paysans et des travailleurs.

La jeune Golda Meir est un exemple parlant de cette foi d'airain. Les pages qui racontent les débuts de son engagement sioniste sont révélatrices. Quand elle s'oppose à ses parents pour étudier au lycée, quittant le domicile pour échapper à leur autorité, on devine déjà le caractère volontaire et rebelle de la future femme politique. Cette même volonté de fer se manifeste lorsqu'elle décide de partir à Merhavia, pour y adopter le mode de vie collectiviste (celui de la "*kvoutsa*", ancêtre du kibboutz), au lieu de rester à Tel-Aviv près de sa sœur aînée.

La description de la vie au kibboutz est intéressante tant pour ce qu'elle révèle de la personnalité de Golda Meir, que pour ce qu'elle nous apprend des contraintes matérielles : les conflits avec les "anciennes", le caractère spartiate de la vie quotidienne et la religion du travail, etc. Sur tous ces aspects, l'auteur dépeint la vie au kibboutz sans chercher aucunement à l'embellir. Mais son enthousiasme sioniste n'est nullement atteint par les difficultés de l'existence pionnière ou par la dure réalité économique du *Yishouv* – la collectivité pré-étatique avant 1948 – à cette époque. Au contraire, écrit-elle en conclusion de la deuxième partie de ces fragments : "Je n'ai jamais eu l'impression de sacrifier quelque chose pour notre pays".

Sur un sujet tout autre, ce récit autobiographique permet de dissiper certaines idées préconçues, largement répandues aujourd'hui : celui de l'attitude des pionniers de l'époque envers la tradition juive. Quand Golda Meir évoque les souvenirs du shabbat chez ses parents et, bien plus tard, ceux du shabbat à Merhavia, ce n'est certes pas la même manière de célébrer le jour de repos hebdomadaire. Pourtant, dans la description des tables recouvertes de draps blancs et décorées de fleurs au kibboutz, on sent bien qu'il reste quelque chose de la tradition dans laquelle la plupart des membres ont grandi.

Ce récit, nous l'avons dit, s'interrompt dans les années 1920. Il y manque donc toute la carrière politique de Golda Meir, qui la mènera aux responsabilités les plus hautes [4]. En 1928, elle est nommée Secrétaire générale du Conseil des ouvrières au sein de la Histadrout, la toute puissante centrale syndicale unifiée, véritable "État dans l'État" en voie de

---

[4] Le lecteur intéressé pourra consacrer les ouvrages mentionnés en bibliographie.

formation. Quelques années plus tard, elle entre au comité exécutif, avant de devenir chef du département politique de la Histadrout. Entre 1932 et 1934, elle est envoyée aux États-Unis pour y collecter des fonds, prélude à sa future carrière de diplomate.

En 1946, elle remplace Moshé Sharett à la direction politique de l'Agence juive, poste qui équivaut à celui de "chef du gouvernement" du *Yishouv*. En 1948, elle est de nouveau envoyée aux États-Unis pour collecter des fonds. Ben Gourion dira d'elle qu'elle a "réuni les sommes qui ont rendu possible la création de l'État". Le 10 mai 1948, quelques jours avant la proclamation de l'Indépendance de l'État d'Israël, elle se rend secrètement en Jordanie, déguisée en femme arabe, pour y rencontrer le roi Abdallah 1er de Transjordanie et l'enjoindre de ne pas attaquer Israël. Abdallah lui conseille de ne pas se hâter de proclamer un État indépendant, ce à quoi elle rétorque : "Nous attendons depuis 2000 ans, vous appelez cela se hâter?"

Elle fait partie des signataires de la Déclaration d'Indépendance, le 14 mai 1948, puis devient ministre plénipotentiaire à Moscou. En 1949, elle rentre en Israël pour rejoindre la Knesset, où elle siègera jusqu'en 1974. Elle devient ministre du Travail la même année, fonction qu'elle occupera jusqu'en 1956. A ce poste, elle est notamment chargée de l'intégration des centaines de milliers de nouveaux immigrants qui affluent en Israël et de la construction de dizaines de milliers d'appartements, mais aussi d'infrastructures, d'écoles et d'hôpitaux. Elle participe également à la fondation du système d'assurance nationale.

En 1956, elle devient ministre des Affaires étrangères, au moment de la crise de Suez. Elle participe à la planification et à la coordination des opérations militaires avec le gouvernement français. Accompagnée de Moshé Dayan et de Shimon Pérès, elle se rend à Paris pour y rencontrer le Premier ministre Guy Mollet et son homologue français, Christian Pineau, ainsi que le ministre de la Défense Bourgès-Maunoury. Malgré les succès sur le terrain de l'opération conjointe franco-anglo-israélienne, celle-ci tourne court, sous la pression conjointe des États-Unis, de l'URSS et des Nations unies, qui imposent un cessez-le-feu.

En février 1969, après le décès du Premier ministre Levi Eshkol, Golda Meir est désignée par le parti travailliste pour lui succéder, devenant ainsi la première femme à occuper cette fonction en Israël, et la seule à ce jour. Elle occupera ce poste pendant plus de cinq ans, jusqu'à sa démission en juin 1974. Son mandat est marqué par la guerre d'usure le long du canal de Suez (1967-1970) et surtout par la guerre de Kippour, qui sera une des causes de sa démission. Selon l'explication communément admise, Golda Meir aurait manqué de clairvoyance, en ne tenant pas compte des avertissements des services de renseignement, l'informant de l'imminence du conflit et en s'abstenant de mobiliser les réservistes et de lancer une attaque préventive contre l'Égypte et la Syrie.

En réalité, l'erreur d'appréciation a été partagée par l'ensemble de l'*establishment* militaire et politique, à de rares exceptions près. Ainsi, le 5 octobre 1973, veille du début de la guerre, le chef d'état-major Dado Elazar se prononça en faveur d'une attaque préventive, pour réagir aux mouvements de troupes massifs à la frontière égyptienne et syrienne, mais cette option fut écartée par le ministre de la Défense, Moshé Dayan. Ce dernier fut pourtant épargné par les conclusions de la commission d'enquête dirigée par le juge Shimon Agranat, créée au lendemain de la guerre pour faire la lumière sur les erreurs commises par l'échelon politique et par l'échelon militaire.

Golda Meir, qui ne fut pas directement mise en cause par les conclusions de la commission Agranat, choisit pourtant de démissionner le 11 avril 1974, entraînant la fin de son gouvernement. Épuisée par cinq années au poste de Premier ministre et déjà atteinte depuis plusieurs années du cancer qui devait l'emporter, elle démissionna également de la Knesset deux mois plus tard et se retira de la vie publique, pour se consacrer à la rédaction de ses mémoires. Le récit qu'on lira ici fut publié en 1972, donc avant la guerre de Kippour, qu'elle aborde dans son second livre autobiographique, publié en 1975 sous le titre *My Life*. Elle décéda le 8 décembre 1978. Les phrases qui suivent constituent en quelque sorte son testament politique : *"Je crois que nous trouverons la paix avec nos voisins, mais je suis sûre que personne ne fera la paix avec un État d'Israël faible. Si Israël n'est pas fort, il n'y aura pas de paix"*. Près d'un demi-siècle plus tard, ces mots restent tout aussi valables.

Ce récit, nous l'avons dit, ne couvre qu'une partie de la vie de son Golda Meir. Outre sa carrière politique, que nous avons retracée succinctement, il y manque aussi la vie familiale de l'auteur, et notamment la façon dont elle a réussi à concilier celle-ci, tant bien que mal, avec son activité publique. Cet aspect important révèle une facette intéressante de la personnalité de la "dame de fer d'Israël". Dans des pages éclairantes de son livre autobiographique plus tardif, elle y explique notamment sa conception du féminisme, qui demeure actuelle et présente sans doute un intérêt pour le lecteur d'aujourd'hui. C'est pourquoi nous la citons ci-après longuement.

"Je ne suis pas une grande admiratrice de cette forme particulière de féminisme qui se manifeste par les autodafés de soutiens-gorge, la haine de l'homme ou les campagnes contre la maternité ; mais j'avais le plus grand respect pour ces femmes énergiques, qui travaillaient dur dans les rangs du mouvement travailliste – telles Ada Maïmon, Beba Idelson, Rachel Yanait-Ben-Zvi[5], pour ne nommer que celles-là – et qui réussirent à fournir à des douzaines de jeunes filles, nées à la ville, les connaissances théoriques et la formation pratique qui leur permirent de tenir leur place (et souvent plus que cela) dans l'œuvre en cours parmi les colonies agricoles de l'ensemble de la Palestine. Cette sorte de féminisme constructif fait vraiment honneur aux femmes et a beaucoup plus d'importance que de savoir qui balaiera la maison et mettra le couvert"[6].

---

[5] Rachel Yanait Ben Zvi (1886-1979), dirigeante politique et pédagogue, elle fut l'épouse du second président de l'État d'Israël, Itshak Ben Zvi.

[6] Golda Meir, *Ma Vie*. Robert Laffont 1975, p. 121.

Golda Meir est de toute évidence un modèle de ce "féminisme constructif", qui définit précisément l'idée de la femme que se faisaient de nombreuses pionnières de la Deuxième et de la Troisième *Alyah*, dont elle se fait ici la porte-parole. Son féminisme donne à la femme une place qui n'est nullement subalterne, et on pense en la lisant aux mots fameux de Zeev Jabotinsky, dans son *Histoire de ma vie* : *"J'estime la femme plus que l'homme dans tous les domaines de la vie publique et domestique… Il n'y a aucune fonction ou profession que je ne préfèrerais pas confier à une femme plutôt qu'à un homme. Chez moi, cette conception… provient peut être de mon expérience personnelle"*. Mais redonnons-lui la parole :

"Oui, les femmes doivent être traitées en égales des hommes, à tous égards… Cela dit, une histoire a fait à un moment le tour d'Israël : Ben Gourion, à ce que l'on racontait, avait dit de moi que j'étais le seul homme de son cabinet. Ce qui m'a amusée dans cette histoire, c'est que de toute évidence, Ben Gourion (ou quiconque avait inventé la fable) estimait que c'était le plus grand compliment que l'on pût adresser à une femme. Et moi, je doute fort qu'aucun homme eut été flatté d'apprendre que je disais de lui qu'il était la seule femme de mon gouvernement".

Le fait est que j'ai vécu et travaillé toute ma vie avec des hommes, mais que d'être une femme n'a jamais représenté pour moi un obstacle, en aucune façon. Non, je n'en ai jamais ressenti ni malaise ni infériorité, ni pensé pour autant que l'homme est mieux loti que la femme – ou que c'est un désastre que de donner le jour à des enfants... Ce qui est vrai, je pense, c'est que les femmes qui ont envie et besoin d'avoir une vie, à l'extérieur comme à l'intérieur du foyer, y ont beaucoup plus de mal que les hommes, parce que leur lourd fardeau est double... Dans une certaine mesure, l'existence que je menais moi-même à Tel-Aviv, après notre départ de Jérusalem, est une illustration de ces dilemmes et difficultés".

Ces propos de Golda Meir éclairent avec sincérité une facette essentielle de sa personnalité : celle de la militante, de la femme politique ambitieuse, qui n'a pas renoncé pour autant à sa vie de femme et de mère, mais qui a dû consentir de lourds sacrifices pour assumer ce "lourd fardeau". Comme elle le dit avec une certaine pudeur (ou comme disent les Anglais, avec *understatement*), son existence illustre ces dilemmes. En vérité, comme elle l'écrit dans un article anonyme publié en 1930, *"la mère souffre aussi dans le travail même qu'elle a assumé. Toujours, elle a le sentiment que son travail n'est pas aussi productif que celui d'un homme, ou même d'une femme célibataire.*

Les enfants, de leur côté, la réclament sans cesse. Et ce perpétuel déchirement interne, ce sentiment alterné de devoir non accompli – tantôt envers la famille, tantôt envers le travail – tel est le fardeau de la mère qui travaille".

Golda Meir a su assumer ce double fardeau avec succès, mais non sans souffrances, comme en attestent les péripéties et l'échec ultime de son couple, qui ne sont pas relatés ici. Il est d'autant plus remarquable qu'elle se prononce malgré tout en faveur d'un "féminisme constructif", très éloigné de ce féminisme destructeur qu'elle critique – celui des "autodafés de soutiens-gorge" et de "la haine de l'homme" qui triomphe aujourd'hui en Occident. À de nombreux égards, la postérité a donné raison à Golda Meir, car la société israélienne – à travers ses différents secteurs, religieux et laïc, traditionnaliste ou orthodoxe, Juif et même arabe dans une certaine mesure – a largement adopté cette conception du féminisme. On en donnera pour preuve le fait qu'Israël offre un des plus forts taux de natalité du monde occidental, tout en présentant des pourcentages élevés de femmes qui travaillent (hormis dans le secteur orthodoxe, où celui-ci reste faible, tout en étant en constante augmentation). Le fait que de nombreuses femmes israéliennes occupent aujourd'hui des postes de responsabilité dans des secteurs très variés, y compris au sein des unités les plus prestigieuses de l'armée (qui compte des femmes pilotes et des femmes officiers de confession juive, musulmane et chrétienne) est peut-être le plus bel hommage rendu à Golda Meir par l'État d'Israël.

Cet aspect de l'engagement de Golda Meir est sans doute aussi important que l'image, bien plus connue et célébrée de son temps dans le monde entier, de la troisième femme au monde à devenir Premier ministre (après Sirimavo Bandaranaike au Sri-Lanka et Indira Gandhi en Inde). Au-delà de l'aspect symbolique que revêt la fonction de Premier ministre, l'itinéraire de Golda Meir est aussi en effet celui d'une femme qui a su concilier sa vie de femme privée et celle de femme publique, et qui a accepté d'en payer le prix, sans pour autant renoncer à devenir mère et à élever ses enfants. Son exemple demeure à cet égard d'une brûlante actualité pour les femmes (et pour les hommes) du monde entier.

Pierre Lurçat

La maison de mon père

Il m'est très difficile de déterminer avec certitude quelles sont les qualités et les tendances que j'ai héritées de mes parents, du foyer où j'ai grandi – je ne voudrais en aucune manière leur faire porter la responsabilité de ce que je suis. Il me semble qu'une des choses que j'ai reçues de mes parents est le refus de m'isoler dans mes affaires personnelles ou familiales. De mon père, j'ai hérité l'obstination – dans la mesure où j'ai fait preuve de capacité de résistance, elle me vient principalement de lui. De ma mère, j'ai reçu l'optimisme. À aucun moment l'amertume ne régnait dans la maison, y compris durant les périodes les plus difficiles.

Mon engagement politique me vient plutôt de ma sœur que de mes parents. Dans tous les cas, il ne fait aucun doute à mes yeux que toutes les choses positives qui existent chez moi viennent de ma famille, de mes parents et de ma sœur. Si j'y ai ajouté des choses négatives, ils n'y sont pour rien et ce n'est pas leur faute.

Nous avions une vieille grand-mère du nom de Golda – c'était une figure exceptionnelle, dont il existe peu d'exemples aujourd'hui, à notre époque moderne – et chez nous aucune décision n'était prise et aucune chose n'était faite sans la consulter auparavant. Pour autant que je sache, il existe une ressemblance frappante entre moi et cette grand-mère. En résumé, il me semble avoir pris de chacun, de mon père et de ma mère, de ma sœur, de mon beau-frère, de mon mari, qui était beaucoup moins une figure publique et beaucoup plus un homme vivant pour lui, qui possédait un cercle d'amis et appréciait l'art, la musique, la littérature, la philosophie. J'ai connu mon mari quand j'étais très jeune, à l'âge de quinze ans, et je lui serai éternellement reconnaissante pour de nombreuses choses que je n'ai pas reçues à la maison et qu'il m'a transmises, lui. Je peux dire que j'ai eu de la chance à cet égard, car je suis capable de recevoir en abondance de ceux qui m'entourent, tant mes amis que les membres de ma famille.

Mon père et ma mère étaient des êtres très différents. Mon père était un homme grand de taille, émacié et avec un visage très délicat. Il a conservé toute sa vie une extrême droiture. Il accordait sa confiance à chaque personne, tant qu'il n'était pas avéré qu'elle n'était pas digne de confiance. Il a certes connu beaucoup d'échecs en raison de cette qualité, et nous en avons souffert à plusieurs reprises, mais il est demeuré plein de bienveillance et de foi en l'homme. Il trouvait toujours des qualités en chaque personne.

Il n'était pas un religieux fanatique, mais était attaché à la tradition. Et telle était l'atmosphère qui régna tout le temps à la maison ; d'abord en Russie, puis en Amérique, et enfin ici, en Eretz-Israël, après que mes parents eurent fait leur *alyah*.

Notre mère était très belle, pleine d'énergie et d'une intelligence hors du commun. Elle était plus sagace que mon père et plus à même de prendre des initiatives. Mais tous deux avaient un tempérament joyeux et optimiste. Tant mon père que ma mère possédaient une belle voix et savaient chanter, et régulièrement, on se réunissait chez nous le vendredi soir, pour entonner des chants traditionnels de shabbat. Jusqu'à aujourd'hui, les enfants de ma sœur et les miens chantent les chansons qu'on chantait dans la maison de mon père.

L'amour entre mon père et ma mère était un amour du premier regard – d'après ce que ma mère m'avait raconté. Elle l'avait rencontré alors qu'il était venu dans sa ville natale pour s'enrôler dans l'armée et qu'il s'y était caché. C'est une histoire dont ma mère se vantait toujours. Car comment se déroulaient généralement les mariages, à cette époque ? Il y avait un marieur, et les parents du jeune couple arrangeaient tout entre eux ; il n'était pas même nécessaire que la jeune fille entrevoie le jeune homme élu de son cœur. Et voici que ma mère se promène dans la rue, y aperçoit un beau jeune homme de haute taille, et en tombe amoureuse. En rentrant chez elle, elle en dit quelques mots à ses parents – chose qui exigeait une dose peu commune d'audace – et c'est seulement alors que le marieur est venu pour conclure la transaction.

Mon grand-père avait plusieurs filles, et je ne crois pas qu'une autre de ses filles aurait réussi à le convaincre qu'il suffisait que le jeune homme lui plaise pour qu'il puisse devenir son mari – mais ma mère était la plus gâtée de toutes ses filles, et elle y parvint. Et cela, alors même que mon père était déjà orphelin de père, et qu'il n'était pas riche, bien entendu. Il avait pourtant une certaine ascendance. Il avait été envoyé à l'âge de douze ou treize ans étudier à la *yeshiva*[7] de la ville de Slonim – où il étudia, subsistant, comme les autres fils de familles pauvres, selon le système du "repas journalier"[8] et dormant sur le banc de la *yeshiva*. C'était

---

[7] Ecole talmudique.
[8] "*Repas journalier*" : Système en vigueur en Europe orientale, selon lequel les étudiants de *yeshiva* pauvres

un jeune homme érudit en Torah, et ma mère était obstinée et gâtée – et c'est ainsi que le mariage fut arrangé.

Mes parents donnèrent naissance à huit enfants – quatre fils et quatre filles. Mais la plupart moururent dans leur plus jeune âge – surtout les garçons – et nous ne restâmes, hélas, que trois filles. Les autres enfants étaient pourtant nés de mon vivant, mais je ne les ai pas connus. Aucun n'a atteint son premier anniversaire.

Il convient également de dire quelques mots de mon grand-père, le père de mon père, que nous n'avons pas connu. Il faisait partie des cantonistes – les enfants enlevés en Russie pour être envoyés à l'armée. Il fut pris de chez lui alors qu'il avait treize ans, et il servit treize années dans l'armée russe. On essaya de le forcer à se convertir, y compris au moyen de tortures physiques – il devait s'agenouiller pendant des heures sur des pois secs répandus sur le sol – mais il ne céda pas. Il était apparemment un homme très ferme dans ses convictions religieuses. Durant toute la période de son service militaire (pendant treize ans !) aucun aliment

---

étaient invités chaque soir chez un membre différent de la communauté.

cuit n'entra dans sa bouche, par crainte de manger quelque chose d'interdit. Et après sa libération de l'armée – d'après le récit de mon père – il craignait d'avoir malgré tout commis un péché, même de manière involontaire, et il dormit durant de longues années sur un banc de la synagogue, pour expier ses fautes. Il vécut dans la misère et mourut assez jeune, alors qu'il avait la cinquantaine.

J'ai gardé de ma grand-mère un souvenir flou. Pour autant que je m'en souvienne, c'était une femme haute de taille et mince, au visage sévère – sans doute du fait de sa vie difficile.

Notre famille, la famille Mabovicz, était originaire de Pinsk, et c'est là que naquit Shayne, ma sœur aînée. Je suis née à Kiev. Mon père était menuisier, et la situation économique de la famille était plutôt mauvaise. Il décida de déménager à Kiev afin d'améliorer leur situation. Kiev était située en dehors de la Zone de résidence [9], mais mon père, en tant qu'artisan qualifié, avait reçu l'autorisation d'y habiter. Il obtint même un travail pour le gouvernement. Il avait alors été décidé de construire des bibliothèques pour

---

[9] Zone où était confinée la population juive dans l'Empire russe.

les écoles et mon père fut chargé de fabriquer le mobilier. Il savait fabriquer des meubles de belle apparence et décorés. Pour pouvoir accomplir son travail, il ouvrit un atelier et embaucha des salariés. Il avait bien entendu reçu pour cela un acompte et avait même investi des fonds qu'il avait empruntés. Mais en fin de compte – mon père disait que c'était par antisémitisme – ils ne voulurent pas accepter ses meubles, et nous fûmes plongés dans les dettes, sans rien pour subsister, et il partit travailler loin de la maison.

Je n'ai pratiquement aucun souvenir de la ville de Kiev, pas même celui de la cour de la maison. Mes trois souvenirs datant de cette époque sont: tout d'abord, la mort de ma grand-mère du côté paternel – le même jour où naquit ma sœur cadette, qui réside jusqu'à ce jour en Amérique. Deuxièmement, la rumeur d'un pogrom qui devait frapper Kiev. Et l'attitude caractéristique de mon père, qui ne fit aucun préparatif pour emmener sa famille et se cacher quelque part. Nous habitions au premier étage. Je me souviens de m'être tenue à l'entrée – sur les escaliers menant au deuxième étage, vers l'appartement du voisin – avec sa fille, qui devait avoir mon âge, et d'avoir regardé comment mon père et ma mère tentaient de barricader l'entrée de la maison, en disposant des planches conte la porte. Pour notre chance, il n'y eut pas de pogrom, mais je n'ai pas oublié l'atmosphère régnant dans l'attente de celui-ci.

La troisième chose que je me rappelle de notre séjour à Kiev est la gêne et la faim. Ma sœur aînée, qui a neuf ans de plus que moi, peut en dire bien plus que moi, mais une image est restée gravée dans ma mémoire : notre sœur cadette, plus jeune que moi de quatre ans et demi, qui était alors un bébé âgé de six mois ou moins, et ma mère préparant sa bouillie. C'était de toute évidence un aliment de luxe à cette période. Elle donna un peu de bouillie à ma sœur et un peu à moi. Celle-ci finit sa part avant moi, et ma mère lui donna encore un peu de ma bouillie. Je me souviens de l'émotion que j'ai ressentie – voilà qu'on me privait de ce met que je ne recevais que si rarement.

Lorsque j'eus environ cinq ans, nous retournâmes chez grand-père à Pinsk. Je me souviens très bien de notre retour à Pinsk. Notre maison était très spacieuse, avec de nombreuses pièces somptueuses donnant sur la pièce centrale, et toute la famille y habitait, y compris les filles mariées. Mais dès ce moment, Papa élabora le projet de ne pas rester à Pinsk, mais de se rendre en Amérique.

Il resta trois années loin de nous, en Amérique, et bien que je fusse entretemps arrivée à l'âge de fréquenter l'école, je restai à la maison. Je reçus toutefois des cours privés. Je me rappelle avoir appris la lecture et l'écriture, et un peu de calcul. Nous séjournâmes un certain temps avec grand-père et grand-mère, avant d'emménager dans une pièce louée, à proximité de leur maison.

Pendant les premières années, Papa demeura, comme tous les nouveaux immigrants, à New-York. Il nous avait laissés en Russie, car il n'avait pas de quoi payer les frais du voyage – il avait eu du mal à réunir la somme nécessaire à son propre voyage; mais il y avait encore une autre raison. Comme beaucoup de Juifs de Russie qui se rendaient alors en Amérique, il ne considérait pas son émigration comme étant définitive. Le projet était que Papa se rende en Amérique – le pays des possibilités illimitées, dans lequel tout nouvel arrivant pouvait s'enrichir – et qu'au bout d'un an ou deux, il revienne en Russie et y ramène tout l'argent qu'il aurait alors mis de côté.

Il arriva, comme je l'ai dit, à New-York, trouva du travail pour un salaire considérable de trois dollars par semaine, ce qui lui permit de pourvoir à sa propre subsistance – je ne sais guère comment – et de nous envoyer une partie de l'argent en Russie, pour l'entretien de la famille.

Golda Meyerson en 1914

Après avoir travaillé un certain temps à New-York, Papa fut envoyé par le HIAS (organisation qui s'occupait alors des émigrants juifs en Amérique, dont un des objectifs était de les disperser à travers les États-Unis et de ne pas les laisser se concentrer seulement à New York) à Milwaukee – ville dont il n'avait jamais entendu le nom – où on lui promit un meilleur travail et il partit.

Entretemps, nous habitions à Pinsk et nous l'attendions. Maman participait un peu à notre subsistance et aidait aussi grand-père. Ma grande sœur, qui était alors une jeune fille de quatorze, quinze, puis seize ans, ne travaillait pas. Elle étudiait, mais son occupation principale était une activité très dangereuse, qui causait beaucoup de soucis et de chagrin à Maman et qui détermina le destin de la famille – en effet, au lieu que Papa revienne à Pinsk, c'est nous qui le rejoignîmes en Amérique : ma sœur s'était engagée dans le mouvement révolutionnaire. Il s'agissait pourtant du mouvement sioniste socialiste, et non du mouvement révolutionnaire général, mais il était lui aussi strictement interdit.

Mes souvenirs les plus terribles de cette période sont liés à ma sœur. Elle quittait la maison vers le soir et rentrait à des heures très tardives. Et en l'attendant, habitant à côté du poste de police, nous entendions les cris de terreur des jeunes gens et des jeunes filles qui étaient arrêtés en raison de leur activité illégale ; on leur assénait de violentes raclées, apparemment pour obtenir d'eux les noms des autres membres du mouvement. À la même époque, un bataillon de Cosaques était arrivé à Pinsk. Ils galopaient à cheval dans les rues de la ville et toute personne qui se trouvait sur leur chemin était écrasée. Ils frappaient aussi avec cruauté les jeunes gens et les jeunes filles qu'ils croisaient.

Ma mère entreprit alors d'écrire à mon père que nous ne pouvions plus rester en Russie, en raison de l'activité politique de ma sœur. Le shabbat, lorsque ma mère se rendait à la synagogue, ma sœur en profitait pour organiser des réunions à la maison. Dans notre chambre, comme dans chaque pièce, il y avait un poêle encastré dans le mur, sur lequel on pouvait grimper pour s'asseoir, et je m'y installais pour écouter tout ce qui se passait à la maison. Je ne comprenais pas vraiment de quoi il s'agissait, mais je savais que c'était une chose interdite. Quand ma mère rentrait de la synagogue et voyait tout ce qui se passait chez nous, elle était prise d'une peur panique, craignant qu'un policier ne vienne et n'arrête tout le monde. Et c'est ainsi qu'elle se transforma en sentinelle, malgré elle : elle déambulait devant la maison, prête à avertir les participants à la réunion de l'arrivée d'un policier. A ce sujet, je me souviens jusqu'à ce jour du nom du policier qui l'effrayait tant : Lassok.

Un autre épisode infime de ces réunions ou assemblées m'a été raconté par ma sœur: le soir du shabbat, lorsqu'ils ne trouvaient aucun lieu pour se réunir, ils se rendaient à la synagogue, qui était déjà vide après la prière, et ils demandaient au bedeau de les autoriser à y tenir leur réunion. Lorsque celui-ci refusait ("C'est shabbat maintenant et cela est interdit tant par la religion que par la loi"), un des jeunes gens sortait de sa poche un objet lourd et le menaçait : *"Du sehst, Ich Shiesse!* ("Regarde, je vais tirer!") et le malheureux bedeau prenait peur et leur ouvrait la porte, et il montait même la garde, de peur qu'un invité inopiné ne se présente, et tout cela grâce à la lourde clé que le jeune homme avait sortie de sa poche...

En plus du mouvement sioniste socialiste, au sein duquel ma sœur était active, il y avait aussi le "Bund" – la grande organisation des ouvriers juifs antisionistes. Et chaque mouvement possédait ses jeunes et les enfants de ses membres, qui étaient proches du mouvement de leurs parents. Je me rappelle encore mes discussions avec les enfants des bundistes. J'étais alors sous l'influence de ma sœur et je savais que nous n'étions pas bundistes, mais sionistes, et tout ce que j'entendais, assise sur le fourneau, me laissa une impression profonde.

Mes parents étaient de manière générale opposés à tous ces mouvements. Ils craignaient tout d'abord pour leurs enfants, et redoutaient encore plus que – si ceux-ci étaient arrêtés et qu'on les force à révéler leurs secrets – cela amènerait une catastrophe sur la famille entière. À cette époque, des agents provocateurs étaient actifs à Pinsk. Pendant la période de notre séjour à Pinsk uniquement, treize traîtres de la sorte furent liquidés, dont certains étaient actifs au sein du mouvement.

Je me souviens d'un cas particulièrement tragique. Avant notre départ de Russie, nous avions loué une chambre chez un abatteur rituel. C'était un homme grand de taille, très respectable et misérable. Il avait une fille unique, et ma sœur la "déprava", en la faisant adhérer au parti. C'était une catastrophe aux yeux de la famille ; une jeune fille de quatorze ou quinze ans, dont les parents étaient rongés d'inquiétude, qui était chargée de transporter du matériel d'un lieu à l'autre la nuit, ou de se rendre à des réunions illégales qui se tenaient dans la forêt.

Au bout de trois ans à Pinsk, Papa nous fit venir en Amérique. J'étais alors âgée de huit ans. Il m'est difficile d'affirmer que j'ai laissé en Russie des choses que j'ai regrettées par la suite. Quels sont les souvenirs que j'ai emportés avec moi ? Le souvenir des Cosaques, celui de la nuit de *Tisha Bé-Av*[10], les marécages de Pinsk, la vie de misère à Kiev, les cris venant du poste de police, et bien entendu, la famille, mon grand-père, mes oncles et mes tantes. En fin de compte, j'étais encore une enfant et ma vie était plutôt agréable, mais je ressentais aussi la souffrance de ma mère et j'étais partagée entre sa peine causée par l'activité de ma sœur et la fierté causée par les activités de cette dernière, qui étaient certes interdites, mais étaient pourtant très importantes.

Je me rappelle cette journée de 1905, quand une de mes tantes est arrivée chez nous (elle habitait dans la même maison que la famille Weizmann) et nous a raconté que le Tsar avait octroyé une Constitution au pays. Des manifestations de joie furent organisées dans notre ville, comme dans le reste du pays. Mais il s'avéra que c'était une rumeur, propagée pour découvrir ceux qui aspiraient à une Constitution et les arrêter. Je me souviens aussi que cette même tante est venue un jour

---

[10] Le Neuf Av, jour du calendrier hébraïque qui commémore la destruction du Temple de Jérusalem.

de l'année 1904, très triste, nous annoncer la mort de Herzl[11]. Ma sœur s'est vêtue de noir et n'a pas quitté sa tenue de deuil jusqu'à notre arrivée en Amérique, en 1906.

C'est dans ce contexte que se produisit le premier conflit entre ma sœur et mon père. Lorsque nous sommes arrivés en Amérique, mon père se trouvait déjà là-bas, comme je l'ai dit, depuis trois ans. Il travaillait alors dans l'atelier du train de Milwaukee, en tant qu'ouvrier syndiqué, membre de son organisation professionnelle, et il se considérait déjà comme étant un peu Américain. Il n'avait pas pu louer d'appartement pour nous, et il nous hébergea dans la chambre qu'il habitait jusque-là, dans la maison d'une famille très accueillante. Le lendemain, il nous accompagna pour nous acheter des vêtements. Cela ne posa aucun problème pour ma sœur cadette, bien entendu. Mais ma sœur aînée était arrivée vêtue, comme il se doit pour une membre consciente d'un mouvement révolutionnaire, d'une robe noire avec des manches longues et un col qui montait – et voilà que mon père voulait lui acheter des habits...

---

[11] Theodor Herzl, fondateur du sionisme politique.

Je me souviens encore du chapeau qu'il avait choisi, un chapeau de paille à large bord, décoré de toutes sortes de fleurs colorées. Ma sœur refusa, bien entendu, de le porter. C'est alors que se produisit le conflit avec mon père. Il tenta de la convaincre que nous étions en Amérique et pas en Russie, et que c'était ainsi qu'on s'habillait ici, et elle, de son côté, campa sur sa position. Je dois préciser que mon père était déjà mécontent contre ma sœur, après tout ce que ma mère lui avait raconté dans ses lettres au sujet des soucis qu'elle lui avait causés, en raison desquels nous avions dû quitter la Russie. Je peux dire qu'à notre arrivée, mon père se considérait d'ores et déjà comme Américain, comme en attestait tout d'abord le sentiment de liberté qu'il y avait acquis.

Au mois de septembre, on célèbre en Amérique le "Jour du travail" ("Labor Day"), qui comporte principalement un défilé de travailleurs – marche officielle et tout à fait légale. Mon père proposa à ma mère d'y emmener les enfants, et de se tenir au coin de la rue pour le voir défiler avec son syndicat professionnel. Nous nous tînmes donc tous, avec ma petite sœur, qui était encore sous l'emprise de la peur des Cosaques, et voici qu'en tête du défilé, elle aperçoit des policiers à cheval, et elle se met à crier : "Maman ! Les Cosaques arrivent !"' Après cela, elle tomba malade et resta alitée pendant plusieurs semaines.

Mon père était fier d'être un ouvrier syndiqué, en droit de défiler dans une manifestation sous la protection de la police. Il faisait également partie d'une organisation juive et était membre d'une synagogue, selon la coutume des Juifs américains, où il avait de nombreux amis.

Comme je l'ai dit, nous eûmes du mal à trouver un appartement, d'autant que mon père n'était pas disposé à quitter le quartier juif. En fin de compte, il trouva un appartement attenant à un magasin, et faute de choix, le loua. Ma mère, qui était pleine d'énergie et d'initiative, décida sur le champ que – puisque nous avions un magasin – elle n'allait pas le laisser vide, et elle ouvrit une sorte de crèmerie. Mon père ne voulait même pas en entendre parler. "Très bien, lui dit-il, si tu veux ouvrir un magasin, fais-le. Mais je ne veux rien avoir à faire avec ce magasin", et il n'interrompit pas son travail, pas même un jour. Il allait au travail, pendant que ma mère tenait le magasin. Elle ne connaissait que quelques bribes d'anglais, mais cela ne la dérangeait pas du tout, car nous habitions dans le quartier juif et la plupart des habitants étaient des immigrants dont la langue parlée était, bien entendu, le yiddish.

Ma sœur, qui s'était mise à étudier l'anglais en cours du soir, était toujours membre de son mouvement à Pinsk. Elle trouva du travail dans un atelier de couture et envoyait une partie de son salaire à ses camarades du mouvement. À cette époque, après la révolution de 1905, de nombreux membres du mouvement révolutionnaire émigrèrent aux États-Unis, et certains arrivèrent même à Milwaukee. Très vite, notre appartement devint, à cause de ma sœur, le centre de réunion de ces immigrants. La plupart d'entre eux étaient Juifs, mais il y avait aussi quelques Russes, et leurs conversations avaient lieu en russe. Elle n'était absolument pas disposée à changer ses habitudes et son mode de vie, au grand déplaisir de mes parents. Ma mère en était attristée, car elle pensait que ma sœur allait ainsi manquer toutes les possibilités de trouver un bon parti pour se marier. Mais pour mon père, c'était un véritable affront – voilà une jeune fille qui se comporte comme une "immigrante" et qui refuse de se plier aux coutumes des filles de son âge.

Malgré son bon cœur, mon père était également très obstiné, et les affrontements entre eux se poursuivirent et s'amplifièrent, au point que ma sœur décida de quitter la maison. Elle ne souhaitait pas aider ma mère au magasin, car cela était contraire à ses principes prolétariens. Elle ne voulait pas s'habiller comme une jeune fille américaine, et ne voulait rencontrer aucun jeune homme qui serait aux yeux de ma mère un parti idéal – à savoir, un jeune homme riche et rangé (en effet, elle connaissait un jeune homme à Pinsk, qui finit par l'épouser, et elle quitta la maison).

Elle continua à travailler dans un atelier de couture, sans exceller dans son travail. Régulièrement, l'aiguille de la machine à coudre lui transperçait le doigt, causant une infection. De temps en temps, elle revenait habiter à la maison, avant de repartir. Et je devins une sorte d'intermédiaire entre elle et nos parents. Lorsque j'étais une petite fille déjà, j'avais un certain pouvoir de persuasion et souvent, je m'asseyais sur les genoux de mon père et tentais de l'influencer pour qu'il demande à ma sœur de revenir à la maison, et il écrivait un billet en l'invitant à revenir – sans invitation elle n'était nullement disposée à revenir.

Je prenais en général le parti de ma sœur. Tout d'abord par amour pour elle. Mais nous faisions aussi front commun, car je détestais moi aussi le magasin d'une haine féroce. Comme mon père ne voulait rien avoir à faire avec le magasin et qu'il partait le matin tôt à son travail, ma mère était obligée de se rendre au marché pour acheter les produits pour son magasin, je devais y rester le matin et m'occuper des clients. Je n'aimais pas ce travail, d'autant que j'étais souvent en retard à l'école. Ces retards étaient pour moi une véritable tragédie. La simple honte d'arriver dans la classe en retard, de manière régulière, plusieurs fois par semaine ! Mais ma mère ne s'en émouvait pas et elle me disait: *"Sie wert wehren a rebbetzen mit a tag später !"* ("Elle deviendra une femme de rabbin un jour"). L'essentiel était que je n'aie pas de mauvaises notes. C'est ainsi qu'un intérêt partagé s'instaura entre ma sœur et moi : une lutte des classes pour le droit d'être des prolétaires et de ne pas travailler au magasin. La situation de ma sœur me causait aussi de la peine : je voyais dans quelles conditions elle habitait et comment elle vivait. D'autant qu'elle n'avait pas une bonne constitution.

Comme je l'ai raconté, mon père était aussi impliqué dans la vie publique, et son activité dans le cadre de la communauté juive était très importante. Nous eûmes une activité commune, mon père et moi, pendant la Première Guerre mondiale. Aux côtés du "Joint", la grande organisation d'aide aux Juifs d'Europe, qui était alors une organisation très bureaucratique et très différente du Joint pendant la Deuxième Guerre mondiale ou aujourd'hui, une nouvelle organisation fut créée, principalement par des ouvriers juifs, du nom de "People's Relief", et nous faisions partie de sa branche locale à Milwaukee. Son comité directeur était constitué de représentants des différentes fédérations syndicales de la ville. Mon père représentait son syndicat et je représentais une association s'occupant de littérature et de culture, qui avait été créée pour organiser des conférences et des débats, sans parler de politique. Nous travaillâmes ensemble pendant toute la durée de la guerre, et j'appréciai beaucoup ce travail commun. Il n'y avait aucun désaccord de principe entre nous. Je consacrai une grande partie de mon temps au travail au bureau de l'organisation, après l'école.

C'était l'époque des débuts du Congrès juif mondial, parmi les fondateurs duquel se trouvaient P. Rutenberg, Shemaryahu Levin et d'autres. Les Juifs originaires d'Allemagne installés aux États-Unis – qui font aujourd'hui partie du "Comité juif américain"[12] – s'opposaient à cette organisation, tandis que les ouvriers juifs socialistes n'étaient pas opposés au "Congrès" lui-même, mais refusaient que la question d'Eretz-Israël fasse partie de sa plateforme. Une activité intense se déroula en Amérique autour de cette question pendant ces années, jusqu'à la tenue en 1918 des premières élections générales, durant lesquelles chacun vota selon son programme. Dans notre ville, tous les partis sionistes se regroupèrent au sein d'une

---

[12] L'*American Jewish Committee*, créé en 1906.

seule liste – les Poalé Sion[13] avec les sionistes généraux et les organisations juives qui n'étaient pas opposées au sionisme – contre la liste des Juifs socialistes qui y étaient opposés. Mon père était actif sur cette question également, et là aussi, nous agîmes de concert.

Mon père était un Juif très fier et il avait ses idées bien à lui concernant ce que ses enfants peuvent faire et ne peuvent pas faire. Ainsi, il était habituel en Amérique de faire des discours en pleine rue – on économisait ainsi le loyer d'une salle. On installait au coin d'une rue une table ou une charrette, et l'orateur y montait et entamait son discours. Au début, quelques personnes seulement l'écoutaient, mais au fil du temps, le public s'amassait – exactement comme à "Hyde Park" à Londres. Et voilà qu'un soir, alors que je m'apprêtais à sortir de la maison, mon père me demande : "Où vas-tu ?" et je lui réponds : "Je dois prendre la parole ce soir rue Untel". Et mon père proteste : "Quoi ? Une fille Mabovizc se tiendra au milieu de la rue ? Tu n'iras pas !" "Papa, je suis obligée d'y aller, mes camarades m'attendent!", tentai-je d'expliquer. Mais il insista : "Tu n'iras pas". Ma pauvre mère se tenait entre mon père et moi et tentait de trouver un compromis entre les deux entêtés. En fin de compte, je m'y rendis, et mon

---

[13] Poalé Tsion : mouvement sioniste d'obédience socialiste et marxiste, fondé entre 1903 et 1905.

père promit de me faire descendre de l'estrade en me tirant par la natte, si j'osais prendre la parole.

Je pensais qu'il tiendrait parole, car en général il tenait ses promesses, pour le meilleur et pour le pire. J'arrivai au coin de la rue et je dis à mes camarades, qui m'attendaient : "Sachez qu'il y aura ce soir un scandale". Je leur racontai ce que mon père avait dit. La réunion fut ouverte par un autre camarade, et je fus la deuxième ou la troisième oratrice. Je me levai et pris la parole, et je ressentis une peur terrible à chaque instant. Mais rien n'arriva. Comme nous en avions alors l'habitude, nous errâmes dans les rues après la réunion cette fois aussi, et lorsque je rentrai chez moi, il était déjà tard. Ma mère n'était pas encore couchée. Elle m'attendait. "Où est Papa ?", lui demandai-je. Et elle me répondit : "Il dort". "Que s'est-il passé?", lui demandai-je, et ma mère me répondit : "Il est rentré à la maison et a dit : *Ich weiss nicht von vännent nemht sach dass zu ihr*" ("Je ne sais pas d'où lui vient tout cela"). Il s'avéra que j'avais réussi à le persuader par mon discours, au point qu'il avait oublié de me tirer par la natte... À mon avis, c'est le meilleur discours que j'ai prononcé de toute ma vie.

Depuis cet incident, mon père ne me dérangea plus dans mon activité. Au contraire, nous eûmes de nombreuses occasions de travailler ensemble. Par la suite, j'adhérai au parti et après la Première Guerre mondiale, alors que l'antisémitisme se développait en Europe orientale, je pris part à l'organisation de manifestations. Ma sœur avait alors déjà quitté Milwaukee pour s'installer à Denver, et j'étais donc devenue la grande sœur. Mon père était toujours ouvrier et notre appartement continua de tenir lieu de centre d'activités publiques, même si le paysage avait quelque peu changé – auparavant, c'était les révolutionnaires russes qui se réunissaient chez nous, alors qu'à présent, notre maison était devenue le centre des membres du Poalé Tsion, ceux du parti territorialiste[14] ; et tout cela avant même que je me joigne à ce parti, après une longue période d'hésitation.

Je traversai moi aussi un conflit avec mes parents, qui n'eut toutefois pas pour origine mon activité publique. Lorsque j'eus achevé mes études à l'école publique, je souhaitais poursuivre mes études au lycée, car depuis le premier jour – je crois que c'était dès mon entrée à l'école maternelle – j'avais décidé de devenir institutrice. Cependant, l'État du Wisconsin

---

[14] Le mouvement sioniste territorialiste fut fondé par des dissidents au sein du mouvement sioniste, après le Septième Congrès de 1905, marqué par la vive controverse autour du projet de colonisation juive en Ouganda.

comportait alors une loi interdisant aux femmes mariées de travailler dans l'enseignement, aussi ma mère s'inquiétait beaucoup de mes projets, par crainte que je ne me marie pas. J'avais alors seulement huit ou neuf ans. Et voilà que ma mère décida soudain que je n'irais pas au lycée, de crainte que je ne réussisse et devienne institutrice, mais que j'irais à l'école commerciale pour étudier le secrétariat, afin de devenir sténodactylographe. Mon père aussi se rangea à son avis. Mais à mes yeux, un tel avenir était pire que la mort. Nous eûmes un vif conflit et je compris que je n'avais pas d'autre choix que de quitter la maison. Du point de vue financier, je m'efforçai de devenir indépendante pour autant que possible, avant même cet épisode : chaque jour de congé, et pendant les vacances d'été, je travaillais, pour ne pas devoir demander d'argent de poche à mes parents. Mes frais de scolarité n'étaient pas non plus un problème pour moi. Ma sœur aînée était alors déjà mariée et elle vivait à Denver, et nous étions en contact épistolaire, en dépit du fait qu'elle avait quitté la maison "fâchée" et qu'elle n'écrivait pas à mes parents.

À présent, alors que j'avais décidé de poursuivre mes études au lycée, contrairement à l'avis de mes parents, nous planifiâmes toutes les deux mon départ de la maison pour la rejoindre à Denver. Bien entendu, je ne racontai rien à mes parents, et nous fîmes des préparatifs pour que je quitte la maison en cachette. Ma sœur m'envoya un billet de train et mon itinéraire de voyage, et je convins avec une de mes amies de lui faire parvenir un soir un paquet d'habits par la fenêtre (nous habitions alors au deuxième étage, au-dessus du magasin), pour l'amener la nuit à la station de train et que le matin, au lieu de me rendre à l'école, je parte à la gare et entame mon voyage. Le soir même, alors que j'étais assise dans la cuisine avec mon père et ma mère, je leur écrivis un mot disant que j'allais chez Shayne et qu'ils ne se fassent pas de souci pour moi. Le matin, tout se déroula selon le plan, mais mon manque d'expérience était tel que j'étais encore assise à la gare à attendre le train, pendant que mes parents lisaient déjà ma lettre. Pour ma chance, ils ne vinrent pas m'y chercher, mais seulement après qu'on fut venu les voir de l'école pour leur demander pourquoi je m'étais absentée – et à ce moment, il était déjà trop tard.

Ma fugue de la maison asséna un coup dur à mes parents, ainsi qu'à ma jeune sœur, qui resta seule, même si sa vie devint bien plus facile en conséquence de mon départ – mon père la traita avec plus d'indulgence et ma mère également n'adopta pas la même attitude envers elle que celle qu'elle avait pour nous.

Je demeurai en dehors de la maison un an ou un an et demi et durant toute cette période, mon père ne m'écrivit pas un mot. Cela ne me surprit guère, car je savais à quel point il était fier et combien mon comportement l'avait atteint. Je correspondais régulièrement avec ma mère. Un jour, je reçus une lettre de mon père, disant que si la vie de ma mère m'importait, je devais rentrer immédiatement à la maison. Je compris que si mon père m'écrivait cela, la situation devait être véritablement grave – et je rentrai. Depuis lors, je n'eus plus besoin d'affronter mes parents sur aucun sujet. Je poursuivis mes études au lycée, et par la suite, je me rendis au séminaire pour les instituteurs de l'université de Madison.

Mon père ne s'opposa pas non plus à mon adhésion au parti Poalé Tsion. Je n'y adhérai qu'après avoir pris la décision d'émigrer en Eretz-Israël. Mes conceptions en matière de sionisme étaient alors relativement primitives – je ne comprenais pas comment on pouvait être sioniste sans monter en Israël. Ma décision causa évidemment du chagrin à mes parents, d'autant plus qu'à la même époque, ma sœur aînée avait également décidé de monter en Israël avec ses deux enfants, et ma sœur cadette, qui étudiait alors encore à l'université de Madison, avait elle aussi le projet de nous rejoindre après la fin de ses études. Mais il n'y eut pas d'opposition.

Milwaukee était une ville sioniste et le parti y avait lui aussi une antenne active. En 1917, Ben-Tsvi[15] et Zeroubavel[16] se rendirent en Amérique avec Ben Gourion, après avoir été expulsés du pays — et tous vinrent en visite à Milwaukee. Notre maison était, comme je l'ai dit, un foyer juif traditionnel, notre langue était le yiddish, bien que nous ayions déjà reçu une éducation hébraïque — mon père nous avait envoyées, ma sœur cadette et moi, au Talmud-Torah, car il n'existait pas là-bas d'école hébraïque. Je ne peux pas me vanter d'être ressortie avec un grand bagage hébraïque de ce Talmud-Torah, mais quelque chose nous en resta. Chaque jour, nous recevions un journal en yiddish et nous lisions des livres juifs.

Nous n'avons jamais été une famille repliée sur sa vie privée, car mon père et ma mère étaient tous deux actifs dans les affaires publiques et notre maison était toujours pleine de vie. Les différents conférenciers qui arrivaient à l'époque dans notre ville ne se rendaient pas à l'hôtel, mais ils étaient hébergés chez

---

[15] Itshak Ben Zvi (1884-1963) : militant sioniste, qui devint par la suite le deuxième président de l'État d'Israël.

[16] Yaakov Zéroubavel (1884-1967) : militant sioniste et dirigeant du parti Poalé Tsion.

nous. Mon père était actif dans l'antenne du Bnai Brith, dans une organisation d'aide aux Juifs d'Europe, puis au sein du Congrès juif mondial, et ma mère s'occupait elle aussi des affaires du Bnai Brith, qui avait alors une section féminine, et participait à toutes sortes d'associations d'aide aux familles nécessiteuses, à l'organisation de ventes de charité ou de bals au profit d'une cause quelconque, et du fait que notre maison était toujours emplie de monde, ses mains étaient toujours occupées. Elle était célèbre pour sa façon de cuisiner les poissons et d'autres mets dans lesquels elle excellait – et jusqu'à ce jour nous et nos enfants et petits-enfants se souviennent des "poissons de grand-mère" – y compris ceux qu'ils n'ont jamais goûtés...

Ma mère et mon père étaient très bien vus dans différents cercles de la ville. Ainsi, à l'époque demeurait à Milwaukee le rabbin Sheinfeld – un Juif merveilleux, qui était non seulement un érudit de la Torah, mais aussi un homme intelligent et instruit. Nous avions même entendu qu'il était l'auteur de livres de philosophie. Lorsque Syrkin ou Zitlowski venaient chez nous, ils lui rendaient visite. C'était un homme aimable, tout en étant très pointilleux sur les questions de religion ou de morale. Il ne mangeait et ne buvait pas en dehors de chez lui, et avait l'habitude de ne pas prononcer de sermons lors des mariages et autres cérémonies religieuses. Et pourtant je me souviens qu'à la grande joie de ma mère – chose qu'elle rappela jusqu'à son dernier jour – le rabbin Sheinfeld se rendit à mon mariage, et non seulement il accepta de boire et de manger quelque chose, mais il prononça aussi un discours.

Ma sœur et moi montâmes en Israël en 1921 et au bout de cinq ans, mes parents nous rejoignirent. Nous quittâmes l'Amérique pendant la seconde quinzaine du mois de mai, après les événements qui eurent lieu en Israël le 1er mai[17]. Tous pensèrent que nous étions tombées sur la tête – qui se rend là-bas à un tel moment ? Mon père, malgré toute sa bienveillance, n'était pas un pleurnicheur. Il avait un caractère fort, mais lorsqu'il nous accompagna, mon mari et moi, jusqu'au train, il se mit à pleurer. Il ne dit pas un mot mais pleura. Le 19 mai, nous prîmes le bateau à New York. Nous eûmes un voyage "intéressant" – car le bateau sur lequel nous voyageâmes était en mauvais état et il y avait un risque de submersion. Notre traversée dura une semaine entre New York et Boston, et nous eûmes une dernière occasion de descendre à terre et de nombreuses familles descendirent à Boston. Mon beau-frère ne voyagea pas avec nous. À cette époque, nous n'avions

---

[17] Les émeutes antijuives de Jaffa, qui firent 150 victimes, parmi lesquelles l'écrivain Yossef Haim Brenner.

pas encore la possibilité de faire venir toute la famille en Eretz-Israël, aussi il fut décidé qu'il resterait pour aider à faire vivre la famille, tandis que ma sœur et ses deux enfants voyageraient avec nous. Lorsque nous arrivâmes à Boston, nous savions déjà sur quel bateau nous nous trouvions, mais ma sœur, avec l'obstination qu'elle avait héritée de mon père, n'était pas disposée à en descendre, aussi nous poursuivîmes toute la traversée, qui s'avéra être un voyage terrible et plein de dangers.

Ainsi s'acheva la deuxième période de notre vie, la période américaine. Je quittai l'Amérique avec un sentiment de pleine gratitude pour ses qualités particulières. J'aimais l'Amérique, la liberté qui y régnait, les possibilités qu'elle offrait à l'être humain et la beauté de ses paysages. Ce n'est peut-être pas bien de le dire – car cela fait 46 ans que nous vivons en Israël... Même la vie avec nos camarades non-Juifs des deux sexes était agréable. Je ne me souviens pas d'un seul cas où l'un des élèves ou des enseignants ait dit une chose pouvant être interprétée comme une manifestation d'antisémitisme. Mais il est possible qu'en raison du mode de vie à la maison et du fait que j'étais impliquée dans la vie du mouvement depuis un très jeune âge, l'influence de la vie à l'école n'ait pas été tellement importante. J'étais venue à l'école principalement pour acquérir une instruction. Mais en dépit de tout cela, et sans négliger tout ce que l'Amérique nous a donné, je n'ai jamais éprouvé un seul moment de nostalgie envers elle, après l'avoir quittée. Notre installation en Eretz-Israël nous semblait tellement naturelle, tellement évidente, et ce dès le premier instant.

Le 14 juillet, nous arrivâmes à la gare splendide de Tel-Aviv. Je n'oublierai jamais ce moment: le sable, la chaleur incroyable et c'est tout. Un camarade qui voyageait avec nous se tourna vers moi et me dit : "Alors, Golda, tu voulais venir en Eretz-Israël, et voilà que nous y sommes. Maintenant nous pouvons faire demi-tour. C'est suffisant". Mais lui aussi y resta jusqu'à son dernier jour.

Avant même de quitter l'Amérique, nous avions décidé de nous joindre à une *kvoutsa*[18]. Nous ignorions alors ce qu'était un kibboutz. À Merhavia, nous avions un camarade qui s'appelait Dovinsky, qui y était venu avec le bataillon juif[19] (par la suite, il épousa Hannah Tshizek). Les jeunes hommes de notre ville qui se

---

[18] *kvoutsa* : village coopératif.

[19] Le bataillon juif (*Gdoud ha-Ivri*) fut créé pendant la Première Guerre mondiale au sein de l'armée britannique, sur l'instigation de Vladimir Zeev Jabotinsky.

portèrent volontaires au sein du Bataillon juif pendant la guerre partirent de notre maison. Ils n'avaient ni parents, ni famille, aussi mes parents les accompagnèrent jusqu'au train et ma mère leur cousut le nécessaire et les munit de "bonnes choses"[20]. À cette époque, on n'acceptait pas de nouveaux membres au sein de la *kvoutsa* en milieu d'année, car on savait seulement à Rosh Hashana[21] qui allait partir et combien de places seraient disponibles pour de nouveaux membres. Nous nous rendîmes à Merhavia parce que Dovinsky s'y trouvait, et un vote se tint pour décider de notre acceptation lors de trois assemblées successives – non pas qu'ils eurent quelque chose contre Meyerson[22], mais parce que j'étais une jeune femme américaine, et quelle jeune femme américaine est capable de travailler et de vivre dans une *kvoutsa* ? C'est seulement à la troisième assemblée qu'ils décidèrent en fin de compte de nous accepter. Il me semble que la chose qui fit pencher la balance en notre faveur, fut le gramophone que nous avions apporté, avec de nombreux disques de qualité. C'était le premier gramophone moderne dans le pays, sans le grand

---

[20] Expression calquée du yiddish (*Gute Sachen*) désignant des sucreries et autres aliments.

[21] Le Nouvel An juif.

[22] Nom de jeune fille de Golda Meir, qu'elle changea en Meir après sa désignation comme ministre.

pavillon – et il se trouve encore à Merhavia jusqu'à ce jour.

En attendant d'être acceptés au sein de la *kvoutsa*, nous habitâmes à Tel-Aviv. Notre loyer s'élevait à 5 lires par mois et il fallait payer un an de loyer d'avance. Nous venions certes d'Amérique, mais nous n'étions pas millionnaires. En fin de compte, nous trouvâmes un appartement rue Lilienblum, dans le quartier de Névé Tsedek et nous y installâmes. Notre appartement avait deux pièces, la cuisine et les toilettes se trouvaient à l'extérieur, et il y avait aussi une cour commune pour tous les appartements, dans lesquels vivaient plusieurs dizaines de personnes. Grâce à notre gramophone, notre appartement était rempli chaque soir de gens qui venaient chez nous écouter les disques – il me semble que tous les Juifs vivant à Tel-Aviv à l'époque se réunissaient chez nous. De nombreuses années plus tard, je rencontrai encore des gens que je ne reconnaissais pas, qui me disaient : "Mais nous étions venus chez vous, écouter des disques". Et bien que ma conscience me tourmentait en raison du chagrin que j'avais causé à mes parents en les quittant pour monter en Israël, je fus contrainte de les peiner à nouveau, lorsque nous nous installâmes dans la *kvoutsa* en laissant ma sœur et ses deux enfants (dont l'un âgé de deux ans) à la ville. Elle commença à ce moment son travail à l'hôpital Hadassah, dans le département du typhus et de la malaria, et sa fille souffrait d'une maladie des yeux, en raison de la poussière. Mais je ne pouvais pas renoncer à mes projets – Eretz-Israël et la *kvoutsa* étaient alors à mes yeux un seul concept, et nous rejoignîmes Merhavia.

À Merhavia, nous n'eûmes pour notre part pas de difficultés. Nous nous installâmes dans la *kvoutsa*, et nous adoptâmes le mode de vie qui était alors celui des membres. Toutefois, ma sœur et ses enfants traversèrent une période difficile. Son fils cadet tomba malade, comme je l'ai dit, d'une maladie des yeux et sa fille souffrait d'accès de furoncles répétés. Son mari se trouvait encore en Amérique, où la vie était bien plus facile, et le fait que la pensée d'y retourner ne lui vint pas une fois à l'idée et qu'elle resta dans le pays pour mener sa lutte de subsistance atteste d'un grand héroïsme.

Au bout de cinq ans, en 1926, mes parents montèrent à leur tour en Eretz-Israël. Dans nos lettres, nous leur racontions notre vie, sans évoquer les difficultés, pour ne pas leur causer de chagrin. Je me souviens encore leur avoir écrit au sujet de la *kvoutsa* et de la vie que nous y menions, et je leur racontais entre autres choses que je faisais la lessive pour tous les membres – nous étions alors un groupe de 30 ou 32 membres – et que je cuisais le pain, et ma mère fut choquée de lire cela, elle eut véritablement un choc. (Ici je dois mentionner un autre incident lié à la préparation du pain. Lorsque je me rendis à Moscou, en tant que diplomate, après la proclamation de l'État, ma fille qui était membre d'un kibboutz se joignit à moi. Et un jour, lors d'une réception, alors que les femmes russes m'interrogeaient sur son activité au kibboutz et que je leur dis qu'elle cuisait le pain, elles furent stupéfaites – elles pensaient qu'en tant que fille de diplomate, elle était certainement la directrice du kolkhoze...)

Korngold, mon beau-frère, était bien entendu informé de toutes les difficultés, mais il savait aussi que ma sœur ne bougerait pas de là – aussi il vint lui aussi nous rejoindre. Quand mes parents arrivèrent, nous n'étions déjà plus à Merhavia, que j'avais été contrainte de quitter pour des raisons familiales, à ma grande tristesse. Nous habitions à Tel-Aviv ou à Jérusalem et ma sœur et sa famille se trouvaient à Tel-Aviv. Mes parents préparèrent leur installation au pays. Alors qu'ils se trouvaient encore à Milwaukee, ils firent l'acquisition de parcelles de terrain. On vendait alors en Amérique des terrains en Eretz-Israël, pour le compte de l'association "Communauté de Sion" et mon père acheta 12 *dunam*[23] à Herzéliya, qui n'était alors qu'un

---

[23] Le dunam est l'équivalent de 1000 mètres carrés.

amas de dunes, et un autre terrain à Afula. "Juste en face de l'opéra d'Afula". Nous qui connaissions le village d'Afula, fîmes un effort conjoint pour convaincre mon père de renoncer à l'opéra et de bâtir sa maison à Herzéliya. Une des trois ou quatre premières maisons de la zone C du village d'Herzéliya était la maison de mon père, qu'il construisit presqu'entièrement de ses mains. Du fait qu'il y possédait un terrain d'une dizaine de *dunam*, il planta aussi un verger. Mon père et ma mère devinrent immédiatement actifs parmi les premiers habitants du lieu. Mon père devint également le chantre de la synagogue, et leur maison se transforma en centre grouillant de vie.

Herzéliya se trouvait alors entre deux villages arabes et la situation sécuritaire n'était pas très brillante. Comme la maison de mon père se trouvait sur un promontoire, on y avait installé la cache d'armes de la Haganah, et presque jusqu'à son dernier jour, il ne renonça pas à son tour de garde nocturne. Pendant les événements de 1929[24], les femmes et les enfants furent évacués de cette partie de Herzéliya, mais ma mère refusa de partir et y resta avec mon père. Sur la colline avoisinante se trouvait le kibboutz Shefayim, qui fut par

---

[24] Expression consacrée désignant les émeutes anti-juives qui firent plus de 130 victimes.

la suite transféré ailleurs, et les membres du kibboutz se lièrent d'amitié avec mes parents.

Durant les fêtes – à Pessah et à Rosh Hashana – nous nous réunissions tous, la famille de ma sœur et la mienne, chez nos parents à Herzéliya, et jusqu'à ce jour, les enfants de ma sœur et les miens ont gardé vivant le souvenir des moments agréables passés lors des visites chez leur grand-père : celui des mélodies particulières, celui des poissons cuisinés par leur grand-mère et celui du Strudel qu'elle préparait.

À cette époque, je travaillais déjà à la Histadrout. Mon père en était devenu membre dès son arrivée dans le pays, et avant leur installation à Herzéliya, il fut quelque temps membre de la coopérative des menuisiers. Il accueillit mon activité publique presque comme une chose allant de soi, et en éprouva même une sorte de satisfaction. J'ai le souvenir qu'à une période plus tardive, au moment du procès de Syrkin et de Reichlin, accusés d'avoir fait sortir des armes en contrebande d'un camp militaire britannique, après que j'ai témoigné au tribunal, je me rendis à Herzéliya. Mon père ne me dit pas un mot, mais ma mère me raconta que dès le matin tôt, immédiatement après avoir reçu le journal *Davar*, il se rendit chez les voisins pour savoir quelle impression sa Golda leur avait faite.

Durant toutes les années de ma vie en Eretz, mon père respecta tous les commandements religieux, comme les meilleurs membres du *Yishouv*. Il ne cessa pas de s'occuper des affaires publiques et sa maison était ouverte à toute personne qui avait besoin d'aide – nul n'y entrait pour demander une quelconque caution ou un prêt et n'en ressortait les mains vides. Il se lia aussi d'une vive amitié avec le regretté Shprinzak, auquel il rendait visite pour aborder les questions liées à Herzéliyia, et auquel il vouait beaucoup de respect et d'admiration. Il se tenait informé de tout ce qui se passait dans le pays et lisait chaque matin le journal de la première à la dernière page – et, soit dit en passant, sans lunettes. Je me souviens aussi de la manifestation qui eut lieu, à Magdiel me semble-t-il, contre l'administration britannique, à laquelle mon père prit part, et durant laquelle il participa à une très longue marche avec les autres manifestants. Mon père décéda à l'âge de 79 ans et jusqu'aux six derniers mois de sa vie, durant lesquels il fut malade, il resta vigoureux, droit et de belle prestance.

Ma mère ne considéra pas toujours d'un bon œil le mode de vie que j'avais choisi, notamment lorsqu'elle constata combien je travaillais dur, alors que je négligeai, selon elle, mon foyer et mes enfants. Elle me demandait aussi régulièrement : "*Goldalé, was weht sein die Tahliss von dir* ?" (Quel est ton objectif ?) – et je ne suis pas du tout certaine que mon objectif trouvait grâce à ses yeux.

Je ne revis jamais, hélas, les lieux où j'avais passé mon enfance en Russie, Kiev et Pinsk. J'eus pourtant à deux reprises l'occasion de me rendre à Pinsk, mais cela ne se réalisa pas. La première occasion se déroula en 1939, lors de ma première visite en Pologne pour le compte du parti. J'entamai mon voyage et j'arrivai jusqu'à Lodz, mais je tombai malade. Je restai alitée pendant deux semaines, et entretemps mon visa devint périmé et les Polonais n'acceptèrent pas de le renouveler. Aussi je ne pus me rendre à Pinsk.

Lorsque je me rendis à Moscou, après la création de l'État, je savais que les déplacements à travers la Russie n'étaient pas une chose anodine, et pourtant j'espérais qu'en restant là-bas un temps suffisant, je pourrais me rendre à Pinsk. Mais ma mission en Russie fut interrompue de manière soudaine – j'étais arrivée à Moscou à la fin du mois d'août, et en janvier, après les élections, Ben Gourion exigea que je quitte la Russie pour rentrer au pays et me joindre au gouvernement.

Cependant, même si j'avais pu me rendre à Pinsk lors de ma mission en Russie, je n'y aurais plus trouvé aucun des membres de ma famille – sauf peut-être une personne – le petit-fils du frère de ma grand-mère. Tous les autres avaient été exterminés pendant la Shoah. Malgré cela, je voulais m'y rendre et je regrettai que la chose ne fut pas possible.

Mes premiers jours au kibboutz

Un des jours de la fête de Pessah de l'année 5729 (1969), quelques semaines après son élection au poste de Premier ministre, Golda Meir se rendit en visite à Revivim. Les membres du kibboutz se réunirent dans le réfectoire pour accueillir leur hôte de marque. Elle répondit à leur discours de bienvenue par les mots suivants :

"Si je vous disais que je ne suis pas émue, vous sauriez que je ne dis pas la vérité. Une personne comme moi, dont le sort a voulu qu'elle voyage beaucoup, pour toutes sortes de raisons, et surtout parmi les communautés juives d'Amérique, connaît bien la coutume de présenter l'invité, durant laquelle vous savez que vous devrez rester assis à écouter un discours tellement plein d'éloges, que vous ne savez plus si c'est de vous qu'il est question – mais on s'y habitue. Mais en Israël, et à Revivim, cela n'arrive pas tous les jours. Et c'est la raison de mon émotion, qui tient tant à cela qu'à la forme de cette célébration. J'ai toujours été émerveillée par les fêtes et les célébrations ici, qui possèdent une sorte de grâce qu'on ne trouve nulle part ailleurs – et cela est vrai également ce soir.

Il y a peut-être des camarades qui ignorent que je me suis un peu intéressée à Revivim, et pas seulement pour la raison connue et évidente, que c'est ici que vivent ma fille et sa famille. Lorsque j'ai quitté les États-Unis, je me suis rendue en Eretz-Israël, mais pas simplement en Eretz-Israël, mais au kibboutz. Je ne peux pas dire que je savais beaucoup à propos du kibboutz en 1921, alors que les seules personnes que je connaissais en Eretz-Israël étaient Ben Gourion et Ben Tsvi et Yaakov Zéroubavel[25] et Heshin – tous les quatre avaient été expulsés du pays par les Turcs et ils étaient venus à Milwaukee. J'entendis de leur bouche peu de choses au sujet du kibboutz, et beaucoup au sujet d'Eretz-Israël. Je savais que Syrkin pensait fonder des coopératives en Eretz-Israël. Après la guerre, il fut envoyé par le parti pour enquêter sur ce qui manquait en Eretz-Israël et pour établir un programme, et il mit l'accent sur la création de coopératives – tant dans l'agriculture que dans l'industrie – et de manière générale, il recommanda de bâtir le pays sur des fondements coopératifs. Je ne peux donc pas me vanter d'avoir su beaucoup, lorsque j'étais en Amérique, sur ce qui se déroulait ici, mais je savais pourtant que je voulais m'installer au kibboutz.

---

[25] Voir ci-dessus, page 49.

Et s'ils n'ont décidé que lors de la troisième assemblée de nous accepter à Merhavia, c'est en raison des jeunes hommes, anciens membres du Bataillon hébreu, qui étaient pour la plupart originaires des États-Unis, qui se croyaient experts pour savoir à quoi ressemble une jeune fille américaine, et qui décidèrent qu'il n'était pas possible de nous accepter – non seulement parce que j'étais américaine, mais aussi parce que nous étions mariés. Ils étaient célibataires et ne voulaient que des jeunes femmes célibataires, et non des familles. Et certaines jeunes femmes qui avaient de l'ancienneté s'y opposèrent aussi, car elles se trouvaient déjà en Eretz-Israël depuis huit ans et elles avaient entendu, sans doute de la bouche de ces jeunes gens, comment étaient les jeunes femmes américaines. Et du fait que nous n'avons pas tenu bon et que nous avons été contraints de partir au bout de trois ans, pour toutes sortes de raisons, je me dis plus tard, à de nombreuses reprises, que peut-être ils avaient eu raison de ne pas vouloir nous accepter. Dans tous les cas, un des événements douloureux pour moi, depuis déjà presque cinquante ans, est le fait que je n'ai pas pu continuer de vivre au kibboutz. Et j'ai trouvé une compensation dans le fait que mes enfants se trouvent ici – car malgré tout, peut-être que tout n'a pas été perdu.

Golda Meir à Merhavia

Je vais vous dire quelques mots de Merhavia. Ici, il est permis de raconter. Lorsque nous sommes arrivés à Merhavia, il y avait déjà des maisons. Elles étaient restées depuis l'époque de la coopérative, avant la Première Guerre mondiale. La cuisine se trouvait dans une cabane, une cuisine très primitive, et une boulangerie. La cuisson du pain était pour moi la chose la plus mystérieuse de ma vie. Ma mère cuisait des pains de shabbat, c'était une chose humaine – blanche et mate. Mais du pain ! Nous étions alors un groupe de 30 - 32 camarades, nous achetions la farine à Nazareth, et comme elle n'était pas tamisée comme il faut, le pain sortait tout violet, et souvent amer. Mais ce qui m'effrayait plus que tout était le fait que les anciennes voulaient m'enseigner comment pétrir le pain à sec. Lorsqu'on verse dans la pâte beaucoup d'eau, il est certes plus facile de pétrir, mais il n'en sort rien ; tout l'art consiste à pétrir le pain avec un peu d'eau. Lorsque j'ai appris et que j'ai réussi à le faire, j'étais vraiment très fière.

Un autre problème était celui de l'huile. Nous l'achetions également auprès des Arabes et elle était amère comme la mort. À mes yeux, il était stupide de préparer et de cuire le pain avec cette huile, car il n'en sortait rien de mangeable.

Nous nous relayions chaque mois pour le travail à la cuisine. Un des facteurs expliquant l'attitude amicale des jeunes femmes envers moi dès le premier abord fut le fait que la nécessité d'aller à la cuisine ne me mit pas de mauvaise humeur. La coutume était que chaque camarade dont venait le tour d'aller en cuisine pour un mois commençait à être de mauvaise humeur déjà une semaine à l'avance, tandis que moi, pauvre idiote d'Américaine, je n'avais pas compris pourquoi ce travail précisément devait susciter des humeurs et je leur disais : pourquoi pouvons-nous aller à l'étable pour nourrir les vaches en étant de bonne humeur, et ne pourrions-nous pas aller en cuisine pour nourrir nos camarades ? N'est-ce pas plus honorable ?

Lorsque mon tour arriva de travailler en cuisine, je décidai que je n'utiliserais pas cette huile – et tout ce que je cuisinais était préparé sans huile. La cuisine n'était pas très variée : nous avions des pois chiches, que nous faisions tremper dans l'eau pendant 24 heures, avant de les cuire avec des oignons, obtenant une sorte de soupe, qui se transformait en bouillie, et le soir nous la broyions avec de l'oignon et cela tenait lieu de salade.

Nous avions un autre problème. Les fenêtres de notre cuisine étaient orientées vers Afoula, qui était alors un village arabe. Le train parvenait jusque-là, mais pas plus loin, et de toute manière pas le même jour. Lorsque commença l'*alyah* à destination d'Ein Harod, tous ceux qui s'y rendaient – et le train arrivait justement l'après-midi – venaient directement de la gare à Merhavia, pour le déjeuner. Un jour, nous vîmes par la fenêtre qu'un groupe de 20 personnes arrivaient, qu'il allait falloir nourrir, en sus de nos 30 membres. Un camarade travaillait alors avec nous en cuisine, c'était un homme très calme, et il nous dit : "Ne vous inquiétez pas, tant que je suis à la cuisine, il y aura assez pour tout le monde. Il y avait là-bas une bouilloire d'eau pour le thé, qu'il versa dans la soupe, qui ne contenait déjà pas grand-chose – et la soupe suffit pour tous, y compris les nouveaux venus.

L'hiver était très froid à Merhavia, et lorsque nous entrions dans la cuisine le matin, nous buvions tout d'abord du thé, en général non bouilli, et ensuite les camarades nous rejoignaient pour prendre le petit-déjeuner. Il restait alors en Eretz-Israël des boîtes de conserve datant de la Première Guerre mondiale : il y avait du "Bouli-beef" et ce qu'on appelait alors du "Fresh" – des boîtes de "hareng frais", un poisson conservé dans de la sauce tomate – et on le servait au petit-déjeuner, à la place d'aliments chauds. Je commençai alors à préparer de la bouillie, et les camarades me dirent : regardez, elle finira par nous apprendre à manger de la bouillie le matin – mais ils finirent par s'y habituer et c'était bon.

Le poisson salé souleva lui aussi un problème. Chacun ne disposait pas alors de son couteau, ni d'une fourchette et d'une cuillère, mais seulement une personne sur trois. Lorsque l'on servait du poisson salé, les anciennes le lavaient bien et le découpaient en tranches, mais elles ne le pliaient pas et le présentaient ainsi sur la table. Voilà à quoi cela ressemblait : tous sont assis à la table, chacun enlève la peau de sa part de poisson salé et, comme nous n'avions rien pour nous essuyer les mains, on les essuyait sur son pantalon de travail. Lorsque je suis arrivée à la cuisine, j'ai enlevé la peau des poissons et les camarades ont dit : elle va finir par les habituer à cela aussi. Et je leur opposais toujours cet argument : qu'auriez-vous fait chez vous ? Comment auriez-vous présenté le poisson salé sur la table familiale ? Ici c'est notre maison et c'est notre famille. Et le samedi matin, on préparait du café – parce que nous n'avons pas pu amener le lait jusqu'à Haïfa. Aussi le shabbat était plein de produits laitiers. Nous buvions du café au lait, puis nous préparions du *leben* et de la *lebania*[26]. La camarade qui était de corvée à la cuisine le samedi matin veillait sur les gâteaux comme sur la prunelle de ses yeux, car le café et les gâteaux étaient notre petit-déjeuner. Le vendredi, un peu après le dîner, on allait chercher les gâteaux à la cuisine, et la camarade les prenait généralement dans sa chambre, d'où ils ne sortaient pas avant le matin. Malgré cela, on sortait les gâteaux et le shabbat, c'était une tragédie. Quand je suis venue travailler à la cuisine, j'ai fait le calcul suivant : il n'y a pas d'huile, pas de sucre et pas d'œufs non plus (on avait commencé à élever quelques poules, qui donnaient un œuf de temps en temps), alors peu importe, on ajoutera un peu d'eau et de farine et on préparera beaucoup de gâteaux qui seront suffisants pour le vendredi soir également. Dans la cuisine se trouvait une grande armoire. Je mis les gâteaux dans un plat – et les rangeai directement dans l'armoire. Après le dîner, j'aperçus des camarades sympathiques qui venaient chercher les gâteaux – parfois on les cachait en haut, sous un tas de paille – et ils parcourent toute la ferme et ne les trouvent pas. Après qu'ils eurent ainsi déambulé un certain temps, je les conduisis à l'armoire de la cuisine.

---

[26] Le *leben* et la *lebania* sont deux sortes de yaourt aigre, plats traditionnels au Moyen-Orient.

Il y avait encore d'autres problèmes. La lessive était, bien entendu, faite en commun ; mais pas le repassage. Chacun prenait son linge et le repassait chez lui. A l'époque, on repassait avec un fer à repasser très lourd au charbon, et toute la semaine les jeunes femmes allaient travailler avec leur robe et leur châle non repassés. J'étais gâtée à cet égard : je ne pouvais pas aller travailler dans des vêtements non repassés. Elles ne pouvaient pas supporter cette Américaine qui venait travailler chaque jour avec une robe repassée et un châle repassé. Et je ne les comprenais pas : en quoi cela leur importe, puisque je le fais après le travail, dans ma chambre…

Mais un jour, je trouvai le moyen de me venger contre les anciennes. Il y avait à Merhavia, bien entendu, un réservoir d'eau, mais le flux d'eau n'était pas très régulier. Nous allions nous doucher en été, tous recouverts de paille après le battage, ouvrions le robinet – et il n'y avait pas d'eau. Lorsque l'eau s'arrêtait, nous devions en général monter sur une échelle, très haute, et les filles se mettaient à courir pour chercher le concierge. Je ne comprenais pas pourquoi il fallait aller le chercher – lorsque je grimpai à l'échelle la première fois, ce fut vraiment un choc, tant pour les filles que pour les garçons.

La seule chose qui me désespéra vraiment était les mouches. Merhavia se trouvait entre deux villages arabes et régulièrement, ils nous tiraient dessus – mais je pensais qu'un jour viendrait où nous vivrions en paix avec eux ; à Merhavia il y avait la malaria et j'en fus atteinte moi aussi, et je fus hospitalisée – mais je croyais qu'un jour il n'y aurait plus de marécages et plus de malaria. Mais ces moucherons – est-ce que cela prendrait fin un jour ? L'été, nous allions en général travailler vers 4 heures du matin, car lorsque le soleil se levait, le travail dans les champs prenait fin. Nous nous enduisions de vaseline (lorsqu'il y en avait), nous portions des cols hauts, des manches longues, nous couvrions de châles – et nous revenions à la maison avec des mouches collées dans les oreilles, dans les yeux et le nez. Les vaches elles-mêmes fuyaient les champs pour leur échapper. Cela me désespérait. Je ne savais pas comment nous pourrions nous débarrasser de cette plaie. Pour chaque autre chose, j'avais une solution, et seulement pour cela, je n'en avais pas.

Les premières naissances eurent lieu. Menahem naquit certes à Jérusalem, mais lorsqu'il eut 4 mois je retournai avec lui à Merhavia ; et entretemps, il y avait déjà là-bas encore deux ou trois nourrissons. Notre appartement comportait une grande pièce et une petite, aussi nous installâmes les quatre bébés dans la grande chambre, et je dormais dans la petite, car j'avais dit aux camarades : pourquoi aurions-nous besoin d'une garde nocturne pour chacun des quatre? Comment faisais-je avec Menahem à la ville, lorsqu'il pleurait? Ainsi je m'occupai des enfants sans la moindre aide la nuit, et tout se passa bien. Mais il n'y avait, bien entendu, qu'une seule baignoire pour tous les enfants, dans laquelle je devais les laver, et voilà que la rumeur se répandit à Merhavia que les enfants de Golda buvaient de l'alcool, car après le bain de chaque enfant, j'utilisais de l'alcool pour "stériliser" la baignoire. Cela représentait une dépense importante, qui entraîna un conflit avec les membres de Merhavia, qui jugeaient cela superflu. A présent, il me semble aussi que ce n'était pas utile, mais alors je pensais autrement, et j'insistai pour "stériliser" la baignoire après chaque bain.

Une maladie répandue en Eretz-Israël était la fièvre pappataci, qu'on ne rencontre plus guère de nos jours. C'était aussi un fléau désespérant comme les mouches : fièvre, maux de tête insupportables, manque d'appétit – on ne voulait même plus entendre parler de nourriture. Lorsque je fus atteinte de cette maladie, j'étais responsable du poulailler et de l'incubateur qu'on avait introduits à Merhavia (un incubateur géant de 500 œufs, qui était me semble-t-il le premier en Eretz-Israël). Je me souviens qu'on avait alors oublié de donner de l'eau aux canards, et lorsque la chaleur diminua un peu et que je me rendis dans la cour, je vis quelques canards morts, la chaleur revint et je fus saisie d'hallucinations ; j'avais l'impression que la pièce tout entière était remplie de canards morts. Ici je me dois de mentionner l'acte de charité d'un camarade, que je n'oublierai jamais. Il était responsable du courrier et des télégrammes, et lorsque je fus atteinte d'une fièvre élevée, il alla chercher à cheval à Afoula un morceau de glace et des citrons, et on en fit de la limonade. Depuis lors, j'ai bu et mangé beaucoup de bonnes choses, mais je n'ai pas trouvé à ce jour autre part le goût qu'avait cette limonade.

Il n'y avait pas alors de route menant à Afoula, et le matin on devait amener le lait à dos de mule, dans une boue terrible. Nous avions un camarade, un jeune homme américain très sympathique, et j'ignore pourquoi il décida de devenir agriculteur et charretier. Lorsque son tour fut venu d'apporter le lait à la gare, trois ou quatre fois par semaine, il partait, puis on le voyait revenir avec le lait, dans la cour. En effet, lorsque la mule se trouvait devant un pont étroit, qu'il fallait traverser dans la boue, elle se retournait, sans qu'il s'en aperçoive et revenait sur ses pas... Ces jours-là, le lait restait chez nous. Même le fait d'harnacher la mule était pour lui une tâche insurmontable. Nous avions alors une mule du nom de Vashti, et souvent nous entendions le jeune homme l'appelant à tue-tête, criant : "Vashti, nous ne pouvons rester ensemble à Merhavia, c'est toi ou moi".

À l'époque, ne recevaient des pommes de terre, de la bouillie, des citrons, etc. que ceux qui se remettaient de la malaria, pour leur convalescence. Mais Dieu nous prodigua sa grâce, car dans la *moshava* de Merhavia (aujourd'hui c'est devenu un *moshav*[27]) se trouvait un Juif du nom de Blumfeld, qui y tenait une épicerie ; c'était un Juif qui était monté d'Allemagne, et au bout d'un certain temps il fut rejoint par sa femme et sa fille. Ils décidèrent que leur fille devait apprendre l'anglais, aussi elle venait me voir deux fois par semaine, et après le travail, je lui donnais des cours d'anglais. En gage de salaire, nous avions un crédit de trois lires par mois dans la boutique du père, où nous achetions tous les produits superflus qui faisaient défaut à Merhavia : pommes de terre pour les malades, ce qu'on appelait alors le quaker, du sel, et parfois aussi des raisins secs, pour en mettre dans nos délicieux gâteaux.

Nous faisions les achats importants au "Mashbir" de Haïfa, ce qui fait remonter à mon souvenir l'affaire des gobelets. Il y avait chez nous un camarade ancien, du nom d'Izraeli, qui était monté avec la

---

[27] Le moshav est un village coopératif, qui se différencie du kibboutz par la structure de la propriété.

Deuxième *Alyah* [28], puis s'était rendu en Amérique, avant de revenir avec le Bataillon juif. Il ne buvait son thé que dans un verre. Il avait un verre qu'il gardait dans une petite armoire, dans le réfectoire, et après avoir bu son thé, il rinçait son verre, le rangeait dans l'armoire, et attention à celui qui voudrait y toucher. Nous buvions dans des gobelets. Les gobelets qu'on trouvait alors au Mashbir était bien entendu des gobelets en émail. Lorsqu'ils étaient neufs, ils avaient bonne apparence, mais très vite, l'émail s'abîmait et le gobelet se couvrait de rouille. Je me dis : cela n'est pas possible, tant qu'il n'y aura pas au Mashbir de verres ou d'autres gobelets, nous n'achèterons rien. Evidemment, cela eut pour conséquence que nous tous, les 30 membres, dûmes faire la queue pour boire un verre de thé. Mais je ne renonçais pas.

Nous avions une autre "folie": le soir du shabbat, nous étendions sur les tables des draps blancs (nous n'avions évidemment pas de nappes) et nous les décorions avec quelques fleurs. Notre spécialiste des poulets n'avait pas d'autre sujet de conversation au dîner que celui des poulets, et il parlait sans arrêt de l'importance des protéines dans la nourriture des

---

[28] La "Deuxième alyah", entre 1904 et 1914, vit arriver en Israël près de 35 000 Juifs, venus pour la plupart de Russie et de Pologne.

volailles. Nous avions alors une camarade possédant une éducation assez limitée, qui se considérait comme "intelligente". Et voilà qu'un jour nous étions assis à la table, et il parlait évidemment de ses protéines, et alors la camarade se lève et déclare: je ne suis pas prête à rester assise à cette table, tant qu'on parlera de la sorte – et elle quitta le réfectoire.

Du fait qu'on m'avait acceptée au sein de la *kvoutsa* sans enthousiasme, je voulais leur montrer qu'ils avaient eu tort, et moi aussi, comme les autres filles, j'insistai pour accomplir toutes les tâches qu'accomplissaient les garçons. Face au portail de Merhavia s'étendait un vaste bosquet, qui était notre source principale de revenus. Nous avions reçu du Keren Kayemet 6 lires par membre pour le travail de reboisement. Mais le sol était plein de rochers et nous devions les enlever à la pioche pour trouver un peu de terre et y planter les arbrisseaux. Je n'oublierai jamais les premiers jours de mon travail. Lorsque je rentrais dans ma chambre, je ne pouvais plus lever le bras, mais je savais que si je n'allais pas manger au réfectoire, on dirait : bon, c'est une Américaine. J'aurais renoncé avec joie à la nourriture, car le fait de lever ma fourchette était un effort trop grand, en contrepartie de la purée de houmous qu'on y servait – mais je m'y rendais toutefois.

La nourriture était, comme je l'ai dit, pauvre, aussi nous laissions à ceux qui montaient la garde pendant la nuit, à titre de complément alimentaire, deux œufs et un oignon. Les gardes avaient annoncé que toute personne qui viendrait à une heure du matin leur tenir compagnie, pour tromper leur ennui, participerait au repas près du feu de camp. Ils faisaient rôtir l'oignon et tout ce qu'ils pouvaient ajouter aux œufs pour rendre le repas plus nourrissant, je ne sais quoi ; mais on pouvait compter sur moi : à une heure, j'étais à la cuisine, pas tant pour la nourriture, en vérité – j'étais une des dernières à en sortir.

Nous buvions le thé directement à la chaudière, et je ne sais pas combien de fois par semaine nous buvions du thé fait avec de l'eau bouillante. Car qui avait la patience d'attendre que l'eau soit bouillante ? Dès que l'eau était chaude, on buvait le thé. Et pour la moindre goutte de thé, il fallait se rendre à la cuisine. Il me semble que si l'on avait alors disposé dans les kibboutz des moyens et de l'accord de principe pour deux choses, qui ont été depuis lors acceptées : des toilettes privées et la possibilité de faire bouillir de l'eau dans les chambres – les milliers de membres qui ont quitté le kibboutz seraient peut-être restés. Mais cela faisait partie des choses élémentaires dont personne ne pensait qu'elles pourraient être différentes. Je ne sais pas s'il y a ici des gens qui se souviennent du boycott imposé par Hezfeld au kibboutz Yagour, ou peut-être était-ce Degania Beth, parce qu'ils avaient installé dans le réfectoire des chaises à la place des longs bancs.

Bien entendu, nous n'avions alors pas le moindre fruit, ni à Merhavia ni ailleurs dans tout le Emek[29]. De temps à autre, je me rendais chez ma sœur, à Tel-Aviv. En ce temps-là, pour voyager de Tel-Aviv à Merhavia, il fallait passer par Haïfa, y dormir puis prendre le train du matin pour Afoula. A la saison des agrumes, je voulus apporter à la maison un sac d'oranges, qui devait coûter à l'époque entre deux et trois *groushim*. Le problème était de savoir comment porter le sac jusqu'à la gare, le faire monter dans le train, etc. Il va de soi que l'idée de faire appel à un porteur – qui le porterait à ma place – ne me serait pas même venue à l'esprit en ces temps-là. Et de fait, lorsque je finis par apporter le sac d'oranges à la maison, ce fut une vraie fête. Cet épisode me rappelle un grand scandale qui éclata chez nous. Un jour, quelqu'un – j'ai oublié si c'était moi ou quelqu'un d'autre – ramena quelques citrons de la ville, et une camarade osa prendre un citron et s'en servir pour... se laver les cheveux. (Il n'y avait alors pas de shampoing, et le savon était du savon à lessiver, et celle qui voulait se laisser pousser les cheveux devait subir des épreuves

---

[29] Le Emek, "la vallée", c'est-à-dire la vallée de Jezréel où furent créés les premiers kibboutz.

difficiles). Je n'ai pas oublié la protestation qu'a déclenchée ce malheureux citron – qui n'était alors pas seulement un simple fruit, mais un remède, pour les malades atteints de malaria et de fièvre.

En conclusion, je voudrais souligner une chose que j'ai déjà dite à plusieurs reprises. Je pense que je me sens tellement bien ici, depuis bientôt cinquante ans, car il y a deux sentiments que je n'ai jamais ressentis. Je n'ai jamais eu l'impression de sacrifier, à Dieu ne plaise, quelque chose pour notre pays, et je n'ai jamais eu l'impression d'avoir droit à quelque chose. Et mon seul espoir est de voir, avec l'ensemble du peuple d'Israël, le jour où je saurai que personne ne court de danger chez lui, et que tout appel au téléphone ou venue d'un adjudant à sa porte ne suscitera aucune crainte, et où nous saurons que le calme n'est pas accidentel, qu'il est là pour durer non pour une heure, une nuit, mais que chaque heure et chaque nuit seront tranquilles, car c'est ainsi que cela doit être, et chacun vivra paisiblement. Et qui sait, peut-être verrons-nous ce jour.

Trois rencontres

Discours prononcé lors de la cérémonie de réception du titre de citoyenne d'honneur de la ville de Jérusalem, le 23 Iyar 5731 (18 mai 1971) :

Je suis parfaitement consciente de l'endroit où je me trouve, et des personnes devant qui je m'exprime. Je sais que je suis la vingtième et cela signifie, qu'il y a dix-neuf personnes qui m'ont précédé. Et avec tremblement, j'ose, puisque vous l'avez décidé, me joindre à cette liste prestigieuse. Et sachant devant qui je me tiens, je n'oserai pas dire un mot de plus concernant Jérusalem. Mais peut-être me permettrez-vous de vous raconter trois rencontres avec le Kottel, le mur occidental.

Dans quelques semaines, cela fera cinquante ans que je suis montée en Israël. Naturellement, peu de temps après notre arrivée, nous sommes venus à Jérusalem, et lorsqu'on monte à Jérusalem, il va de soi qu'on se rend au mur occidental. Celui qui a grandi dans un foyer juif y a été imprégné par Jérusalem, par le mur occidental et par tout ce que cela représente. J'ai moi aussi grandi dans un foyer juif traditionnel. Mais en vérité, je n'ai pas toujours compris ce que signifiait le fait de glisser un "kvitel"[30] entre les pierres du Kottel. Dans quel but précis et pourquoi cette coutume ? Et c'est ainsi, me croyant intelligente... que je me suis rendue au Kottel. Le chemin, les cours, les ruelles, et voilà que je suis devant le Kottel. Des Juifs et des Juives qui prient, pleurent, déposent des morceaux de papier entre les pierres, les "kvitelah", et alors tout s'est éclairci. J'ai compris – ou peut-être c'est ainsi que je me suis expliqué la chose, que c'était ce qui restait de ce qui avait été. Mais ce qu'il en restait était fort, grand et impressionnant. Tragique ? Oui. C'est tout ce qu'il en reste. Mais j'ai vu dans ces "kvitelah" comme l'expression de cette foi dans ce qui sera encore, et je suis revenue du Kottel tout à fait différente de ce que j'étais en y arrivant.

Pendant dix-neuf ans[31], il était impossible de se rendre dans la vieille ville de Jérusalem, il était impossible de s'approcher du Kottel, et de loin on ne pouvait apercevoir que la profanation du Nom, y compris sur le mont des Oliviers.

---

[30] Morceau de papier.

[31] Entre 1948 et 1967, lorsque la ville fut réunifiée.

La guerre des Six Jours. Le quatrième jour, nous avons tous appris la libération de la Vieille ville, et le vendredi matin, j'ai dû me rendre aux États-Unis, et j'ai décidé qu'il n'était pas possible de ne pas aller dans la Vieille Ville et de ne pas me rendre au Kottel, ce n'était pas possible. Ce même vendredi matin, tôt, alors que les civils n'étaient pas encore autorisés à se rendre dans cette partie de la ville, en raison des tirs de tireurs d'élite, j'ai obtenu l'autorisation de m'y rendre. Je ne faisais pas alors partie du gouvernement – mais j'étais une citoyenne comme tout le monde. Nous sommes allés au Kottel, accompagnés d'une escorte militaire. Et voilà, devant nous se trouvait, non pas l'esplanade qui existe aujourd'hui, mais un lieu étroit, une simple table et dessus, quelques mitraillettes, et à côté, des jeunes hommes en uniforme de parachutistes, revêtus d'un châle de prière, collés au mur au point qu'on ne pouvait les en détacher. Ils étaient comme un seul homme. Ces mêmes héros qui, quelques heures plus tôt, avaient combattu comme des lions pour libérer Jérusalem, qui avaient vu leurs camarades tomber pour Jérusalem, ces grands héros, se rendaient l'un après l'autre devant le Kottel, et ils éclataient en sanglots. Chacun d'eux était revêtu de son châle de prière. Pleurant et priant. Alors j'ai pris moi aussi un morceau de papier, j'y ai inscrit le mot "paix" et je l'ai caché entre les pierres du Kottel.

Cette image des jeunes soldats près du Kottel, je ne l'oublierai pas. Je ne le peux pas. Une des choses les plus grandes qui me soit sans doute arrivée dans ma vie – par le mérite ou par la grâce – fut lorsque l'un d'entre eux, qui ne savait sans doute pas qui j'étais, tomba à mon cou, posa sa tête sur mon épaule et se mit à pleurer comme un nourrisson. J'eus l'impression que ce héros était redevenu un enfant. J'eus le privilège, au moment où il avait besoin de pleurer dans le giron d'un proche, d'être pour lui comme une mère.

Dernièrement, j'ai eu la chance, avec chacun d'entre vous, de me trouver près du Kottel pour exprimer ma solidarité avec une cause grave, importante et tragique dans l'existence de notre peuple – pour soutenir ceux qui protestent contre le sort des Juifs en Union soviétique. C'est une chose difficile, grave et triste, mais c'est aussi une grande chose, car un grand miracle nous est arrivé. Cette communauté juive est opprimée depuis presque soixante ans sous le joug de ce puissant État, et tout le poids du régime dont la brutalité et la cruauté ne connaissent pas de limite, repose sur les épaules de ses habitants juifs, afin de les couper de leur passé, de leur présent et de les empêcher de penser à l'avenir de leur peuple.

Et voilà qu'une foule considérable se tient près du Kottel. Chacun d'eux a combattu et est venu. Et voici que maintenant, sur notre terre ancestrale, à Jérusalem et près du Kottel – ils revendiquent les droits de leurs frères qui sont demeurés là-bas. Avant-hier, lorsque nous nous sommes rendus, tous les membres du gouvernement, près du Kottel, nous y avons rencontré un jeune homme d'une vingtaine d'années, originaire de Kovno, et je lui ai demandé: "Tu es venu avec ta famille ?" – "Oui, avec mes parents". "Depuis combien de temps attendiez-vous de pouvoir partir ?" – "Un an seulement. Mais durant cette année, j'ai aussi été emprisonné".

Malgré la gravité de la situation, car nous savons ce qui se passe en Union soviétique, les Juifs n'acceptent pas leur sort. Et même sous ce régime et dans ces conditions, des jeunes et des vieux, des familles entières se lèvent et affirment ouvertement et à voix haute : "Nous sommes Juifs. Nous appartenons à notre peuple. Notre peuple a une patrie. C'est notre patrie, laissez-nous partir !"

Et ce jeune homme dit :"Je fais partie de ceux qui ont fait la grève de la faim dans l'immeuble du Soviet suprême". Je lui demande : "Comment une telle chose peut-elle se produire à Moscou ?" Et il me répond : "Il est possible d'y entrer, mais un peu plus difficile d'en sortir". Pourtant il est sorti, non seulement de cet immeuble, mais aussi de l'Union soviétique, et il est ici. J'ai également vu là-bas une femme qui, il y a plusieurs mois, lorsque j'avais visité ceux qui faisaient la grève de la faim, se tenait debout et pleurait : ses fils et sa fille étaient demeurés là-bas, en Russie. Et maintenant je l'ai vue debout avec tous les autres, ses trois fils et sa fille. Eux aussi sont arrivés.

Je ne me fais pas d'illusion. De nombreuses épreuves attendent ces Juifs, mais ce ne sont pas des épreuves de personnes qui ont été condamnées et qui acceptent leur peine. Ce sont les épreuves de gens qui se révoltent conte le jugement et contre l'injustice, et qui sont prêts à se battre. Et voici que nous avons le mérite de les voir parmi nous.

Cinquante ans cela fait beaucoup, mais pour mériter de voir ces étapes – et tout cela en l'espace de cinquante années seulement – il valait la peine d'attendre cinquante ans.

Si j'étais un écrivain, je saurais certainement comment l'exprimer, mais comme ce n'est pas le cas, je dirai ce simple mot : merci !

Et peut-être me permettrez-vous d'ajouter ; j'ai encore eu un autre mérite, car c'est à Jérusalem que sont nés mes enfants – mon fils et ma fille ; et mes petits-enfants également sont ici aujourd'hui – la seconde génération de ma famille en Israël. Je suis heureuse qu'ils se trouvent ici, mes petits-enfants. Peut-être se souviendront-ils de cette journée, non pas de ce qui a été dit au sujet de leur grand-mère, mais ils raconteront à leurs enfants et à leurs petits-enfants qu'ils étaient assis à Jérusalem, dans la capitale d'Israël, et ont assisté à la cérémonie de remise de la citoyenneté d'honneur, non pas à leur grand-mère, mais au Premier ministre du gouvernement d'Israël – le Premier ministre de l'État juif. Heureux sommes-nous de vivre dans cet État. Je vous remercie.

BIBLIOGRAPHIE

Burket Elinor, *Golda Meir and the Birth of Israel*, Gibson Square, Londres 2018.

Frisher, Dominique. *Golda Meir, la femme derrière la légende*. L'Archipel 2015.

Frydman, Sarah. *Golda Meir, Menahem Begin. Les deux piliers d'Israël*.

Kiejman, Claude-Catherine. *Golda Meir, une vie pour Israël*, Tallandier, 2015.

Meir, Golda, *Ma Vie*. Robert Laffont 1975.

TABLE DES MATIERES

Préambule 7

La maison de mon père 21

Mes premiers jours au kibboutz 63

Trois rencontres 83

Bibliographie 91

La Bibliothèque Sioniste

Déjà parus :

Vladimir Jabotinsky, *La rédemption sociale, éléments de philosophie sociale de la Bible hébraïque*.

Vladimir Jabotinsky, *Etat et religion, Questions autour de la tradition juive*.

Golda Meir, *La maison de mon père. Fragments autobiographiques*.

A paraître :

V. Jabotinsky, *Le mur de fer. Les Arabes et nous*.